훈민영음

한국어판 제대로 알아도 영어가 보인다

훈민영음

한국어만 제대로 알아도 영어가 보인다

김익수 지음

우리의 것이 아님에도 '저항'하지 못한 100년간의 대물림

오래된 답습을 끊어낼 영어교육의 새로운 패러다임

바른북스

훈민영음

지은이
알기

지은이의
말말말

맨 땅에 헤딩은 머리만 아파

2013년, 미국 샌디에이고에서 인턴쉽 활동을 했어. 온전히 영어환경에 노출되어 있으니 눈에 띄게 성장할 수 있을 거라 착각했어. 하루에도 회화 패턴을 수십 개씩 외우며 카페나 Bar에서 만나는 사람마다 이야기를 나눠보고, 야간대학을 다니며 현지 학생들과 함께 강의도 들어보고, 하이킹, 서핑, 테니스 등의 사교모임도 꾸준히 참여했지만 해가 지나도 언어의 장벽은 좀처럼 낮아지지 않았어. 군복무하던 당시 일본어 JLPT 1급과, SJPT 상급을 취득할 만큼 언어학습에는 자신 있었는데 도대체 영어는 아무리 노력해도 제자리걸음인 것만 같아 답답하고 초조한 마음마저 들었어. 한번은 미국과 멕시코 국경에 위치한 아울렛에 다녀오는 길에 그만 표지판을 잘못 읽고 멕시코 국경을 넘어 버린 일이 있었어. 신원을 증명할 여권도 없이 멕시코에 들어온 나를 의심하는 국경경비대는 탐지견을 대동해 차량을 수색하고 마약을 검사하는 등 거칠게 몰아세웠어. 제대로 자초지종을 설명하지 못하고 몇시간째 갇혀있는 내 자신이 너무나 한탄스러웠고 대한민국에서 영어를 배운 10년이란 시간이 마치 허송세월 같았어. 그날 이후 영어는 더이상 놀이의 대상도 취미거리도 아닌 정복하고 다스려야 할 존재가 되어버렸어.

이건 죽도 밥도 아니야

한국에 돌아온 후에는 국제회의장에서 리에종으로 일을 하기도 했고 국제영어교사자격증을 취득하는 등 영어학습에 열을 올렸지만 여전히 영어는 가깝고도 멀기만한 존재였어. 무엇이 문제일까. 어디서부터 잘못된 걸까. 죽도 밥도 아닌 이 녀석을 어쩌면 좋을까...

비효율적인건 질색이야

나에게 영어는 언제나 투자 대비 기회비용이 너무나도 큰 골칫덩이였어. 이는 비단 나만의 문제가 아니라 대한민국 모든 영어흙수저의 풀리지 않는 숙원이라는 생각이 들었어. 그리고 큰 결심을 했지.

"좋아. 최소비용으로 최대효과를 누릴 수 있는 가장 쉽고
빠른 영어학습법을 만들어 보자"

직접 영어학원을 오픈하여 유아부터 초중고생, 수험생, 취준생, 어르신, 주부 등 모든 연령의 영어흙수저들을 불러모아 각자의 니즈에 맞는 교재를 손수 제작해가며 수업을 진행했어. 그렇게 몇 년의 시간이 흐른 후에야 비로소 만년 영어흙수저를 양산하는 주범을 찾아내낼 수 있었어.

선택의 역설(paradox of choice)

행동경제학에서는 우리가 무언가를 선택할 때 '선택의 폭'이 넓으면 오히려 망설이게 되고 올바른 선택을 하지 못한다고 해. 영어도 마찬가지야. "영어를 배우고 싶은데 무엇부터 해야 할까? 기초영문법? 외국인과의 화상통화? 패턴회화 암기? 미드보기? 영화배우를 따라하는 쉐도잉? 원서읽기? 스피킹 학원? 스터디모임?" 넘쳐나는 정보의 홍수에서 우리를 건져낼 수 없이 많은 도구는 오히려 영어 학습의 방해의 요인이 되었어. 이에 대한 해결책은 아주 간단해.

자신에게 가장 익숙하고 친숙한 것 고르기

요리를 할 때도 수 없이 많은 재료를 가지고 하는 것보다 우리에게 익숙한 몇 가지 재료만으로 하는 것이 훨씬 효율적이듯, 영어를 학습할 때에도 생소하고 낯선 방식으로 학습하는 것보다 우리에게 익숙한 방식으로 학습하는 것이 더 효율적일 거야.

난 오랜 기간 우리에게 익숙한 '그 무언가'를 찾기 위해 고민했고 수 많은 학생들을 대상으로 '그것'이 정말 효율적인 영어학습법이 될 수 있는지 테스트하며 검증하는 시간을 거쳤어. 그리고 마침내 완성했지.

절대적 기준

지식을 얻고 검증하는 방법에는 연역법(deduction)과 귀납법(induction)이 있어.
철학자 베이컨은 개미처럼 직접 경험하며 많은 정보를 모아 추론하는 것을 귀납법, 거미가
거미줄을 만들 듯 대전제를 만들어 놓고 논리로 추론하는 것을 연역법이라 했어.

만약 네가 나이가 어리고 시간적으로 여유도 있다면 영어에 노출된 환경에서 개미처럼
직·간접적인 정보를 두루 모으는 귀납적 접근이 효율적이겠지만, 충분한 인지력과 학습력을
지닌 연령이라면 거미처럼 규칙과 공식이 있는 대전제를 익히고 그것을 논리적으로 분석하고
이해하는 연역적 접근이 효과적일거야.

이 책을 읽고 있는 우리는 이미 충분한 인지력과 학습력을 지닌 '거미'야.
난 모든 영어의 공식과 규칙을 하나의 절대적인 기준, **우리의 언어**로 재구성했어.
그저 넌 내가 만들어 놓은 대전제 거미줄 위에 살포시 내려 앉기만 하면 돼.
너의 시간은 소중하니까.

적을 알고 나를 알면 백전백승!

우리가 19세기 말 처음 영어를 받아들였을 때, '누구보다 영어를 잘 구사하는 동양 최고의
어학자'라 인정받으며 언어의 타고난 천재성을 입증했어. 하지만 일본이 빼앗은 35년이란
시간은 우리의 말과 언어, 이념을 파괴하기에 충분했고, 영어는 그저 시험과 입시를 위한
일개 학문으로 전락해버렸어. 그러한 '퍼즐영어'는 우리의 것이 아님에도 불구하고 여전히
다음 세대로 대물림하며 벙어리로 살아.

이젠 우리의 것이 아닌 과거의 영어교육에서 벗어나 우리의 언어를 기준 삼은 훈민영음으로
우리의 아름다운 입술을 되찾고 자랑스레 외쳐보는 거야. I can speak English!

학습법
비교&요약

기존의 학습법 VS 훈민영음법 비교

기존영어 학습목표

Dream으로 살펴보는 기존영어의 한계

문장성분, 8품사, 5형식, 명사, 동사, 형용사, 부사, 대명사, 접속사, 전치사, 부정대명사, to 부정사, 동명사, 동명사의 의미상의 주어, to부정사의 명사적용법, to부정사의 형용사적 용법, to부정사의 부사적 용법, to부정사의 의미상의 주어, 명사절 접속사, 부사절 접속사, 과거분사, 현재분사, 분사구문, 관계대명사, 동격의 that, 양보의 접속사, 상관접속사, 관계부사, 부사절접속사, 조건의 접속사, 복합관계대명사, 복합관계부사, 현재완료, 과거완료, 미래완료진행형, 가정법 과거완료, 가정법 과거완료, 독립분사구문, 수동태, 부사구도치, 완료 분사구문

자동사	Dream big, 꿈을 꿔라 크게
전치사구의 목적어로 쓰인 명사	even in your dream, 심지어 너의 꿈속에서
현재분사	I am dreaming of something. 나는 꿈을 꾼다 무언가를
형용사	That is about my dream car 그것은 나의 꿈의 자동차에 대한 것이다
동명사	Dreaming is free 꿈을 꾸는 것은 자유다
to부정사의 형용사적 용법	Everyone has the right to dream 모두는 권리를 가지고 있다 꿈 꿀
분사구문	Dreaming big, I live today. 꿈을 크게 꾸면서, 나는 오늘 산다
to부정사의 부사적 용법 [목적,감정의 원인,결과,판단]	I open up my eyes to dream 나는 눈을 뜬다 꿈꾸기 위해
to부정사의 명사적 용법	To dream keeps me alive 꿈꾸는 것이 나를 살아있게 한다

기준없이 방대한 문법용어를 익혀야만하는 기존의 영어 학습법

기존의 학습법 VS 훈민영음법 비교

훈민영음 학습목표	5가지 틀에 우리말 토씨를 적용하는 훈민영음법

문장의 다섯가지 성분 [틀의 개념]

주어 서술어 보어
목적어 수식어

역변성

국수가 식판 왼쪽에 담기면 밥, 오른쪽에 담기면 국으로 인식되는 것처럼 영어는 [틀]에 따라 품사의 역할이 변하는 성질, 즉 역변성을 지님

dream car ⓗ my dream ⓜ I dream ⓓ

[틀]안에서 기능하는 4가지 품사

상위 개념	하위 개념
[주어의 틀]	- 명사
[서술어의 틀]	- 동사
[보어의 틀]	- 명사, 형용사
[목적어의 틀]	- 명사
[수식어의 틀]	- 형용사, 부사

* 다만 역변성에 의해 [틀]에 따라 서로의 품사가 바뀔 수 있음

서술어의 틀	Dream big, 꿈을 꿔라 크게
수식어의 틀	even in your dream, 심지어 너의 꿈속에서
서술어의 틀	I am dreaming of something. 나는 꿈을 꾼다 무언가를
보어의 틀	That is about my dream car 그것은 나의 꿈의 자동차에 대한 것이다
주어의 틀	Dreaming is free 꿈을 꾸는 것은 자유다
수식어의 틀	Everyone has the right to dream 모두는 권리를 가지고 있다 꿈 꿀
수식어의 틀	Dreaming big, I live today. 꿈을 크게 꾸면서, 나는 오늘을 산다
수식어의 틀	I open up my eyes to dream 나는 눈을 뜬다 꿈꾸기 위해
주어의 틀	To dream keeps me alive 꿈꾸는 것이 나를 살아있게 한다

우리말을 기준삼은 훈민영음: 기존의 복잡한 문법학습의 해결책 제시!

훈민영음 요약서

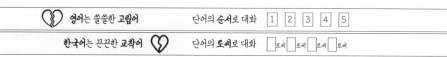

💔 **영어는 쓸쓸한 고립어** 　　　단어의 **순서**로 대화　[1] [2] [3] [4] [5]

한국어는 끈끈한 교착어 💗　　단어의 **토씨**로 대화　[ ]토씨[ ]토씨[ ]토씨[ ]토씨

문장의 다섯가지 성분 [틀]

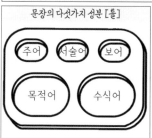

주어　서술어　보어

목적어　수식어

[틀]안에서 기능하는 4가지 품사

상위 개념	하위 개념
[주어의 틀]	- 명사
[서술어의 틀]	- 동사
[보어의 틀]	- 명사, 형용사
[목적어의 틀]	- 명사
[수식어의 틀]	- 형용사, 부사

* 다만 역변성에 의해 [틀]에 따라
서로의 품사가 바뀔 수 있음

역변성

국수가 식판 왼쪽에 담기면 밥, 오른쪽에 담기면 국으로 인식되는 것처럼 영어는 [틀]에 따라 품사의 역할이 변하는 성질, 즉 역변성을 지님

dream car⟨형⟩ my dream⟨명⟩ I dream⟨동⟩

틀의 구성요소

시계를 움직이는 톱니바퀴

한 단어	구	절

한 단어

It	is good

구

Drinking milk	is good

절

That I drink milk	is good

결합성 [구와 절]

결합성 [구와 절]	명사 역할	형용사 역할	부사 역할
전치사 + 명사 [구]	inside you 내면의 너[는],[를] 전치사의 명사적 용법	inside you 내면의 너[의] 전치사의 형용사적 용법	inside you 내면의 너[에게서] 전치사의 부사적 용법
to + 동사 [구]	to eat 먹[는 것] to부정사의 명사적 용법	to eat 먹[을] to부정사의 형용사적 용법	to eat 먹[기 위해] to부정사의 부사적 용법
동사 + ing [구]	eating 먹[는 것] 동명사	eating 먹[는] 현재분사	eating 먹[으면서] 분사구문
동사 + en/ed [구]	✕	eaten 먹[힌] 과거분사	eaten 먹[혀서] 분사구문
접속사 + (주어)+동사 [절]	that I eat 내가 먹[는다는 것] 명사절 접속사	that I eat 내가 먹[는 다는] 형용사절 접속사	that I eat 내가 먹[어서] 부사절 접속사

문장 성분 [틀]

명사절 형용사절 부사절
절
명사구 동사구 형용사구 부사구
구
명사 동사 형용사 부사
한 단어

훈민영음 제 6 배열

1배열: (준)동사
2배열: (준)동사 + 보어
3배열: (준)동사 + 목적어
4배열: (준)동사 + 목적어 + 목적어
5배열: (준)동사 + 목적어 + 보어
6배열: 기존 배열이 무너진 독특한 배열

* 주어와 수식어는 포함되지 않음

각각의 [틀]에 알맞은 토씨 넣기

명사의 토씨		
-은, 는, 이, 가, 을, 를, 것		

형용사의 토씨	부사의 토씨
-의, 받침 ㄴ, ㄹ	나머지 토씨

동사의 토씨	
-다	

[목차] 한 장으로 훑어보는 훈민영음

 베이스캠프

① 우리말과 영어 바로 알기

우리말과 영어의 언어적 사고방식 비교

일본어와 영어를 구사하기까지 오랜 시간 고민하며 깨닫게 된 중요한 사실이 하나 있어. 바로 외국어 학습에 언어적 사고 훈련은 상대적 필수요소란 사실이야.

우리말 VS 일본어: 언어적 사고 방식 비교

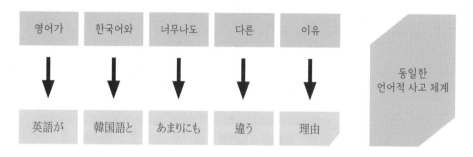

우리말과 일본어는 동일한 언어체계를 지니고 있기 때문에 일본어 학습에 '일본어식 사고 훈련'은 필수요소가 아니야.

우리말 VS 영어: 언어적 사고 방식 비교

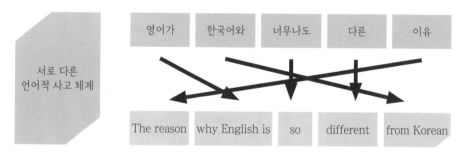

하지만 영어의 언어체계는 우리말과 너무나도 달라서 반드시 그들의 머릿속에서 만들어지는 언어적 사고방식을 먼저 익혀야 해.

언어유형학적 비교

그렇다면 과연 영어식사고란 무엇일까? 이를 이해하기 위해 언어유형학(linguistic typology)적 측면으로 접근해 볼 필요가 있어. 이에 따르면 세계의 언어는 언어의 형태에 따라 교착어, 굴절어, 고립어, 포합어로 나뉘는데 영어와 중국어는 고립어, 우리말과 일본어는 교착어로 분류돼. (형태론적 구조:morphological structure)

우리말과 일본어

교착 (膠着) 아주 단단히 달라붙음

Ex) 교착상태: 그대로 모두가 고정되어 조금도 변동이나 진전이 없는 상태

영어와 중국어

고립 (孤立) 다른 것과 어울리지 못하고 외톨이가 됨

Ex) 고립무원: 고립되어 구원을 받을 데가 없음

교착어와 고립어를 비교해 볼까?

교착어: 한국어 & 일본어

한국어   나는 너가 좋다

일본어   私は 君が 好きだ

나는 좋다 너가

私は 好きだ 君が

너가 나는 좋다

君が 私は 好きだ

좋다 나는 너가

好きだ 私は 君が

교착어인 **우리말과 일본어**는 의사를 전달하는 방식에 있어 말의 순서, 즉 **어순**은 중요하지 않아.

고립어: 영어 & 중국어

영어   I   like   you

중국어   我   喜欢   你
         워   시환   니
         나   좋아한다   너

         You   like   me
         你   喜欢   我
         니   시환   워
         너   좋아한다   나

         like   I   you
         喜欢   我   你
         시환   워   니
         좋아한다 나   너

         you   I   like
         你   我   喜欢
         니   워   시환
         너   나   좋아한다

고립어인 **영어와 중국어**는 단어가 배열되는 순서에 따라 의미가 정해지기 때문에 **말의 순서**를 바꾸어 버리면 예시처럼 사랑을 주는 대상과 받는 대상이 바뀌어 버리거나 의미 전달이 안되는 비문(非文)이 되어버려.

결론

 교착된 **끈끈한** 우리말 VS 고립된 **쓸쓸한** 영어

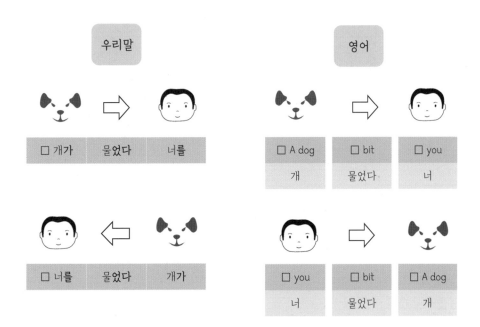

교착어인 우리말과 고립어인 영어의 결정적인 차이는 무엇일까?
그것은 바로 **토씨**의 유무!

김씨 박씨 토씨??..

2

토씨의
이해

토씨
체언이나 부사, 어미 따위에 붙어 그 말과 다른 말과의 문법적 관계를
표시하거나 그 말의 뜻을 도와주는 품사

토씨

토씨 하나 틀리지 마! 라는 말을 들어본 적 있을 거야. 토씨는 말과 말 사이에 들어가서 서로를 연결해주는 말로 '조사'라고도 해.

모르[네] 모르[나] 모르[데] 모르[지] 모르[더라] 모르[리라] 모르[는구나] 모르[잖아] 모르[려나] 모르[니] 모르[면] 모르[면서] 모르[거나] 모르[거는] 모르[는데] 모르[지만] 모르[더라도] 모르[다가도] 모르[기조차] 모르[기까지] 모르[기를] 모르[기는] 모르[기도] 모르[기만] 모르기[조차] 모르[는] 모르[던] 모른 모[른다] 모른[다면] 모르[겠고] 모르[겠으나] 모르[겠으 나] 모르[겠거든] 모르[겠는데] 모[겠다가도] 몰랐[겠어야] 몰랐[겠 라도] 모르[시네] 몰랐[을지] 몰랐 모르[겠다면] 모르[겠다만] 몰랐[다면] 모를[까] 몰랐[어요] 몰랐를[지도] 모를[수록] 몰랐[거든] 몰[서] 몰라[야] 몰라[요] 몰랐[다][으리라] 몰랐[구나] 몰랐[잖아] 몰몰랐[으나] 몰랐[으면] 몰랐[으면도] 몰랐[어야] 몰랐[겠다] 몰랐

모르[겠습니다만]...

면] 모르[겠으면서] 모르[겠거르[겠지만] 모르[겠더라도] 모르어요] 몰랐[겠더라면] 몰랐[겠더[을지도] 모르[겠던] 몰랐[을까][을] 몰랐[다가도] 몰랐[던] 몰랐[더라도] 모를[지] 몰랐[는데] 모[라] 몰라[도] 몰랐[거나] 몰라랐[네] 몰랐[지] 몰랐[더라] 몰랐[려나] 몰랐[으니] 몰랐[고]서] 몰랐[어] 몰랐[다만] 몰랐[어[더라면] 몰랐[겠네] 몰랐[겠지

몰랐[겠더라] 몰랐[겠구나] 몰랐[겠니] 몰랐[겠고] 몰랐[겠으나] 몰랐[겠으면] 몰랐[겠거나] 몰랐[겠거든] 몰랐[겠는데] 몰랐[겠지만] 몰랐[겠더라도] 몰랐[겠다가도] 몰랐[겠던] 몰랐[겠다만] 몰랐[겠어] 모르[겠구나] 모르[겠니] 몰랐[지만] 몰랐[더라도] 모른[다만] 모른[답시고] 모르[겠다] 모르[겠네] 모르[겠지] 모르[겠더라]

이렇게 우리는 말을 할 때 토씨를 활용하기 때문에 어순을 크게 신경 쓰지 않아. 하지만 영어는 토씨가 없기 때문에 전적으로 어순에 의지할 수 밖에 없어.

가장 적절한 토씨에 ✔표 해볼까?

아빠
□ 가
□ 를
□ 와
□ 랑

강아지
□ 가
□ 를
□ 와
□ 랑

점심
□ 으로
□ 에만
□ 에
□ 을

먹
□ 는다
□ 을까?
□ 는다면?
□ 었다

만약 잘못된 토씨를 골랐다면 끔찍한 대화가 오갈 수도 있지. (X _ x)

따라서 **교착어**를 사용하는 한국인이 **고립어**인 영어를 학습하는 가장 적절한 방법은 우리말 토씨를 올바르게 이해하고 그것을 **영어의 어순에 맞게 적용하는 법**을 배우는 거야.

토씨 적용법

한국인에게 밥은 왼쪽, 국은 오른쪽에 담는 것이 "국룰"이야. 절대 누구도 오른쪽에 국을, 왼쪽에 밥을 담지 않아. 이와 마찬가지로 영어라는 녀석도 각각의 자리와 그곳에 위치하는 단어가 정해져 있기 때문에 '무엇'이 '어느 자리'에 위치하는지를 모르면 영어를 배웠다고 할 수 없어.

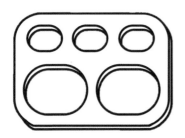

식판을 영어의 구성요소에 빗대어 보자면 음식을 담는 각각의 자리는 **문장의 성분**과도 같아. 그리고 그 자리에 위치하는 성분은 [주어, 서술어, 목적어, 보어, 수식어] 총 5가지가 있는데 이 각각의 자리를 [틀]이라고 부를게. [틀] 안에 들어가는 음식은 **품사**라고 할 수 있고 [명사, 형용사, 동사, 부사] 총 4가지가 있어.

문장의 성분
[주어] [서술어] [목적어]
[보어] [수식어]

품사
명사 동사
형용사 부사

문장의 성분은 상위개념
품사는 그 안에 포함되는 **하위개념**이야

문장성분 안에 포함되는 품사의 이름을 꼭 기억해두자!

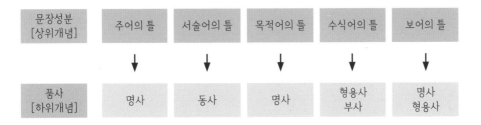

문장성분 [상위개념]	주어의 틀	서술어의 틀	목적어의 틀	수식어의 틀	보어의 틀
	↓	↓	↓	↓	↓
품사 [하위개념]	명사	동사	명사	형용사 부사	명사 형용사

이제 영어의 5가지 문장성분과 품사에 적용할 우리말 토씨에 대해 살펴볼 텐데 먼저 어떤 기준으로 토씨를 도출해 내었는지 그 과정을 보여줄게.

토씨의 도출과 영어에 적용

우리말과 영어는 네가지 품사만으로도 서로 상응 할 수 있다는 전제로 각각의 [틀]에 적용할 토씨를 도출했어.

명 사 역할

국문법

의존명사
명사절 어미
명사절 내포문
주,보,목적격 조사

⬇

토씨 도출

받침 ㅁ,
은, 는, 이, 가, 을, 를,
-것

➡

주어, 목적어의 틀

to부정사 명사적용법
동명사
명사절 접속사
전치사의 명사적용법
가, 을, 를, -것

형 용사 역할

국문법

관형사형 어미
관형사절 내포문
관형격 조사

⬇

토씨 도출

받침 ㄴ, ㄹ
의

➡

보어, 수식어의 틀

to부정사 형용사적용법
현재분사, 과거분사
관계대명사
전치사의 형용사적 용법

동 사 역할

국문법

동사

⬇

토씨 도출

-다

➡

서술어의 틀

동사

부 사 역할

국문법

부사형 어미
부사절 내포문

⬇

토씨 도출

-에, -게, -위해 등
명사, 동사 형용사 이외의
토씨

➡

수식어의 틀

to부정사의 부사적용법
분사구문
부사절접속사
전치사의 부사적 용법

토씨 정리!

	토씨적용	예시
(명)사 역할	받침 ㅁ, 은, 는, 이, 가, 을, 를, -것	추움, 닫힘, 하늘이, 하늘을, 먹는것, 축구를
(동)사 역할	-다	먹는다, 뛴다
(형)용사 역할	받침 ㄴ, ㄹ -의	예쁜, 추운, 먹을, 나의
(부)사 역할	-에, -게, -위해 -라고 등 명사, 동사 형용사 이외의 토씨	먹어서, 뛰니까, 빠르게

백문불여일견(百聞不如一見)

무엇이든 직접 해보지 않고는 절대 내 것으로 만들 수 없는 법.

지금까지 살펴본 내용을 기억하며 [문장성분]과 [품사]를 익혀보자.

각각의 [문장성분]에 알맞은 품사를 골라보자

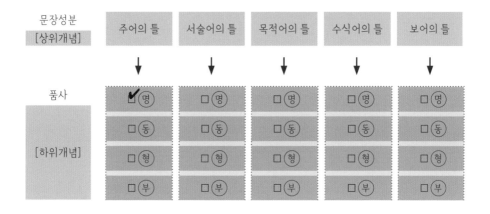

❋ 정답

주어의 틀:(명)　서술어의 틀:(동)　목적어의 틀:(명)　수식어의 틀:(형)/(부)　보어의 틀:(명)/(형)

품사를 익혀보자

이번엔 반대로, [품사]가 위치하는 문장성분을 맞추어 보자!

문장성분					
	☐ 주어 ☐ 서술어 ☐ 목적어 ☐ 보어 ☐ 수식어	☐ 주어 ☐ 서술어 ☐ 목적어 ☐ 보어 ☐ 수식어	☐ 주어 ☐ 서술어 ☐ 목적어 ☐ 보어 ☐ 수식어	☐ 주어 ☐ 서술어 ☐ 목적어 ☐ 보어 ☐ 수식어	☐ 주어 ☐ 서술어 ☐ 목적어 ☐ 보어 ☐ 수식어
	↑	↑	↑	↑	↑
품사	명	동	명	형 부	명 형

각각의 품사에 알맞은 설명을 선으로 연결해보자!

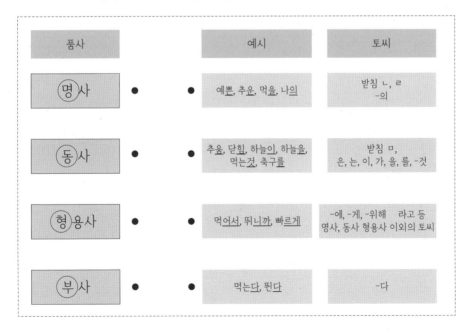

품사	예시	토씨
명사	예쁜, 추운, 먹을, 나의	받침 ㄴ, ㄹ -의
동사	추움, 닫힘, 하늘의, 하늘을, 먹는것, 축구를	받침 ㅁ, 은, 는, 이, 가, 을, 를, -것
형용사	먹어서, 뛰니까, 빠르게	-에, -게, -위해 라고 등 명사, 동사 형용사 이외의 토씨
부사	먹는다, 뛴다	-다

3

역변성
(役變性)

영어의 독특한 성질: 역변성(役變性)

영어는 우리말에는 없는 독특한 성질이 하나 있어. 이것을 식판에 담긴 국수로 예를 들어볼게. 우리는 국수를 식판 왼쪽에 담으면 '오늘 밥은 국수구나' 라고 생각할거야. 하지만 반대로 국수를 식판 오른쪽에 담으면 '오늘 국은 국수구나' 라고 생각하겠지.

똑같은 국수인데 밥이되기도 하고 국이 되는 마술!

이와 마찬가지로 고립어인 영어는 [틀]에 따라 품사의 역할이 변하는 성질이 있는데 이를 영어의 역변성(役變性)이라고 해.

> **역변성에 의해 의미와 역할이 바뀌는 dream의 품사**

① We 〔dream〕 big　　명사? 형용사? 동사? 부사?

② My 〔dream〕 car　　명사? 형용사? 동사? 부사?

③ Our 〔dream〕　　　명사? 형용사? 동사? 부사?

[close]로 보는 역변성

close는 마치 문과 문틀이 서로 가까워지다가 닫히는 것처럼 물체가
서로 [가까워지는 이미지]와 [닫히는 이미지]를 지니고 있어.

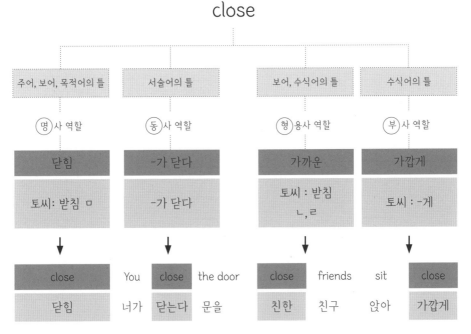

이처럼 단어가 동일한 모습을 하고 있을지라도 [틀]에 따라 [명사, 동사, 형용사, 부사]로
역할이 변화하는 성질이 역변성이야.

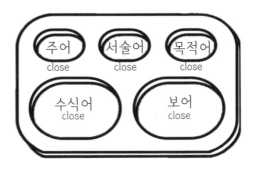

역변하는 long의 품사를 선택해보자

long

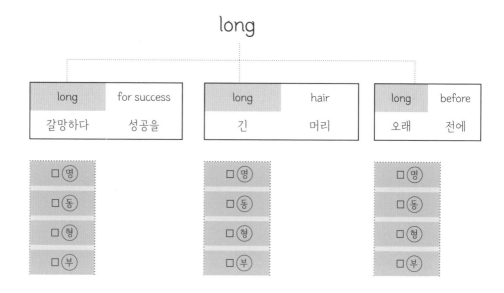

long	for success
갈망하다	성공을

- □ 명
- □ 동
- □ 형
- □ 부

long	hair
긴	머리

- □ 명
- □ 동
- □ 형
- □ 부

long	before
오래	전에

- □ 명
- □ 동
- □ 형
- □ 부

✱ 정답

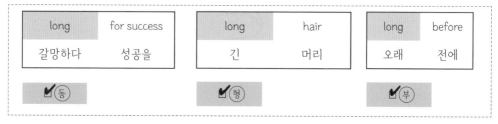

long	for success
갈망하다	성공을

☑ 동

long	hair
긴	머리

☑ 형

long	before
오래	전에

☑ 부

역변하는 spread의 품사를 선택해보자

spread

Seeds	spread
씨앗이	퍼진다

spread	of disease
확산	질병의

Rumors	spread	by him
소문들	퍼진	그에 의해

□ 명
□ 동
□ 형
□ 부

□ 명
□ 동
□ 형
□ 부

□ 명
□ 동
□ 형
□ 부

✳ 정답

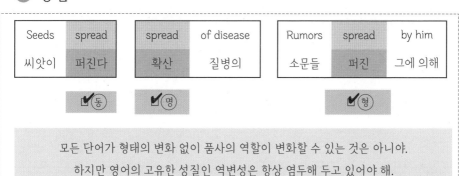

Seeds	spread
씨앗이	퍼진다

spread	of disease
확산	질병의

Rumors	spread	by him
소문들	퍼진	그에 의해

☑ 동   ☑ 명   ☑ 형

모든 단어가 형태의 변화 없이 품사의 역할이 변화할 수 있는 것은 아니야.
하지만 영어의 고유한 성질인 역변성은 항상 염두해 두고 있어야 해.

어순[語順]의 진실

우리말은 활용어미와 조사가 문법 기능을
나타내기 때문에 어순은 그다지 중요하지 않아
하지만 영어는 어순이 문법의 기능 그 자체라고 할 수 있어

각각의 [문장 성분의 틀]에 위치하는 품사들을 하나씩 살펴보자

주어 / 목적어 / 보어의 틀

명사의 어순

우리말과 영어는 명사를 대하는 자세가 달라. 언어학 통계에 의하면 교착어를 사용하는 우리나라 사람들은 주어의 명사를 대략 70% 생략하고, 목적어의 명사를 대략 53%를 생략하고 말한다고 해. 하지만 영어는 고립어이기 때문에 특별한 경우를 제외하고는 명사를 생략해서 말할 수 없어.

술래잡기하는 아이들의 이야기를 살펴볼까?

	🇰🇷 우리나라 아이들	🇺🇸 미국 아이들		
술래	잡았다!	I 내가	got 잡았다	you 너를
아이들	잡혔다	You 너가	got 잡았다	me 나를

교착어를 사용하는 우리는 [누가], [누구를] 잡았는지 굳이 이야기하지 않아도 알 수 있는 반면에, 고립어인 영어는 낱말이 놓여진 순서로 의사를 전달하기 때문에 반드시 [누가], [누구를] 잡았는지를 명확히 말해주어야만 해.

주어, 보어, 목적어의 틀 명사의 어순	보어, 수식어의 틀 형용사의 어순	수식어의 틀 부사의 어순	서술어의 틀 동사의 어순

명사는 주어와 목적어, 보어의 자리에 위치할 수 있어. 각각의 틀에서의 명사의 역할과 토씨를
확인해보자.

1

주어의 틀 (명)	My mom	is	a cook
이야기의 **주체**가 되는 명사	나의 엄마**는**	(상태)다	요리사

[주어의 틀]에 사용되는 명사의 토씨는 [은/는/이/가]를 사용해.

2

보어의 틀 (명)	My mom	is	a cook
다른 명사를 설명하는 명사	나의 엄마는	(상태)다	요리사

[보어의 틀]에 사용되는 명사는 다른 명사의 신분이나, 자격, 직업, 성격 등을 설명해.

3

목적어의 틀 (명)	My mom	sees	a cook
주어명사의 객체가 되는 명사	나의 엄마는	본다	요리사를

[목적어의 틀]에 사용되는 명사는 주어의 행위가 미치는 대상으로 토씨는 [을/를]을 사용해.

명사의 토씨
-은 / -는 / -이/ -가 / -을 / -를 / 받침 ㅁ / -것

Korea가 어떤 [틀] 안에서 사용되었는지 골라보자

This is	Korea
이것이	한국이다

☐ 주어

☐ 보어

☐ 목적어

Korea	is my country
한국은	나의 나라이다

☐ 주어

☐ 보어

☐ 목적어

I love	Korea
난 사랑한다	한국을

☐ 주어

☐ 보어

☐ 목적어

✱ 정답

This is	Korea
이것이	한국이다

☑ 보어

Korea	is my country
한국은	나의 나라이다

☑ 주어

I love	Korea
난 사랑한다	한국을

☑ 목적어

인칭대명사

사람을 가리키는 인칭 대명사는 시점에 따라 1인칭, 2인칭, 3인칭으로 나뉘게 돼.

> **인칭** (人稱)은 어떤 동작을 하는 주체가 누구인지를 구별하는 말이야.
> '나'는 '1인칭', '너'는 '2인칭', 나도 너도 아닌 제 3의 것은 3인칭이라고 해.
> **단수** (單數)는 단일한 것: [나, 너, 물 한잔, 사랑, 진실, 대한민국, 미국 등]
> **복수** (複數)는 둘 이상의 것: [우리, 너희, 의자 두 개, 강아지 세 마리, 국가들 등]

인칭대명사를 단수와, 복수로 구분지어 암기하자.

단수

		주격 은, 는, 이, 가	소유격 ~의	목적격 을, 를	소유대명사 ~의 것
1인칭	나	I	my	me	mine
2인칭	너	you	your	you	yours
	그	he	his	him	his
3인칭	그녀	she	her	her	hers
	그것	it	its	it	
고유대명사 3인칭	Ben	Ben	Ben's	Ben	Ben's

복수

		주격 은, 는, 이, 가	소유격 ~의	목적격 을, 를	소유대명사 ~의 것
1인칭	우리	I	my	me	mine
2인칭	너희	you	your	you	yours
3인칭	그들	they	their	them	theirs

빈칸을 채우며 인칭대명사를 익혀보자

단수

		주격 은, 는, 이, 가	소유격 ~의	목적격 을, 를	소유대명사 ~의 것
1인칭	나	I	my		
2인칭	너	you		you	
3인칭	그		his		his
	그녀	she		her	
	그것	it		it	
고유대명사 3인칭	Ben	Ben		Ben	

복수

		주격 은, 는, 이, 가	소유격 ~의	목적격 을, 를	소유대명사 ~의 것
1인칭	우리	we			ours
2인칭	너희	you		you	
3인칭	그들	they			theirs

보어 / 수식어의 틀
형용사의 어순

형용사는 [보어]와 [수식어]의 틀 안에 위치할 수 있어. **보어**는 문장의 핵심요소이기 때문에 보어로 쓰인 형용사를 생략할 수 없지만 **수식어**는 문장의 핵심요소가 아니기 때문에 수식어로 쓰인 형용사가 없어도 완전한 문장구조를 이뤄.

보어의 형용사		
They	are	cute

귀여운

생략 불가

수식어의 형용사			
They	are	cute	girls

귀여운

생략 가능

형용사의 토씨
-의
받침 ㄴ, ㄹ

우리말의 형용사와 영어의 형용사는 **두 가지 차이점**이 있어.

첫번째 차이점은 **명사를 설명하는 위치**야. 두 언어의 형용사 모두 **명사의 앞**에 보통 위치하지만, 영어의 형용사는 두 단어 이상이거나 어떤 대상을 강조하는 경우에는 **명사의 뒤**에도 위치할 수 있어.

일반적인 형용사의 위치
명사의 [앞]

두 단어 이상이거나 강조하는 경우
명사의 [뒤]

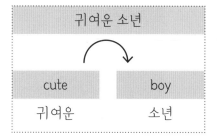

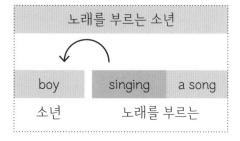

❋ 이렇게 뒤에서 명사를 설명하는 것을
[후치수식] 한다고 이야기해.

물론 예외도 존재해. 단어가 -thing, -body, -one 으로 끝이나면 하나의 단어여도 [후치수식]을 해.

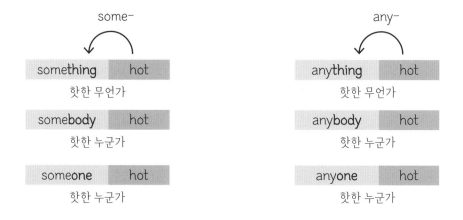

두 번째 차이점은 **서술어의 기능**이야. 우리말 형용사 [늙은]과 영어의 형용사 [old]를 비교해 볼게.

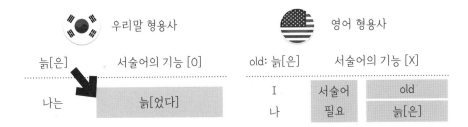

우리말 형용사는 단어의 어미를 [-다]로 바꾸기만 하면 서술어가 되지만 영어의 형용사는 서술어의 기능을 하기 위해 동사를 따로 붙여주어야만 해.

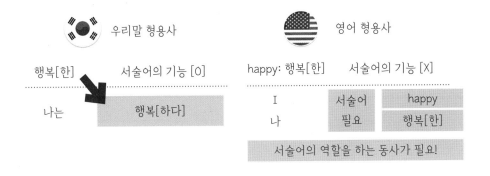

❋ 물론 형용사 뒤에 접사를 붙여 동사를 만드는 경우도 있지만 보편적이지는 않아. 그래도 익혀두면 도움이 되니 부록에 넣어두도록 할게!

수식어의 틀
부사의어순

[수식어의 틀]에 위치하는 부사는 문장의 완성도를 높여주는 약방의 감초와도 같아. 하지만 혼자서는 아무런 역할을 하지 못하기 때문에 문장의 구조에도 영향을 주지 못해. [매우, 아주, 꽤, 가장 등]이 해당 돼. 대표적인 토씨로는 [-에, -게, -위해, -라고] 등인데 앞서 설명했던 명사, 형용사 이외의 토씨는 부사의 토씨라고 보면 돼.

부사의 토씨
-에, -게, -위해, -라고 등
명사, 동사, 형용사 이외의 토씨

일반적인
부사의 위치

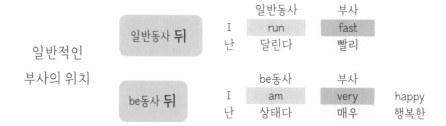

빈도를 나타내는 부사의 종류

always	usually	often	sometimes	seldom	never
항상	보통	자주	때때로	좀처럼~않는	전혀~않는
100%					0%

빈도부사의 위치

		빈도부사	일반동사
일반동사 **앞**	I	often	run
	난	자주	달린다

		be동사	빈도부사	
be동사 **뒤**	I	am	always	happy
	난	(상태)다	언제나	행복한

난 언제나 행복해

		조동사	빈도부사		
조동사 **뒤**	I	will	always	be	happy
	난	일 것이다	언제나	(상태)다	행복한

난 언제나 행복할 거야

아래의 표는 형용사와 부사의 형태가 같은 단어들이야. 힘들여 외었던 기억이 나지? 하지만 이제는 영어의 고유한 성질인 역변성이 적용된 단어들로 이해하면 돼.

	형용사		부사
early	이른		일찍
late	늦은		늦게
long	긴, 오랜		길게, 오래
short	짧은		짧게
high	높은	➡	높게
low	낮은, 아래의		낮게, 아래로
fast	빠른		빨리
hard	열심인		열심히
much	많은		많이, 매우
near	가까운		가까이
tight	빡빡한		빡빡히, 꼭

서술어의 틀
동사의 어순

멜빈브래그의 영어 역사서 The Adventure Of English를 보면 대략 2,500년 전 고대영어에는
우리말처럼 교착어의 특징이 있었다고 해. 하지만 다른 언어를 사용하는 사람들과의 교역이
활발해지기 시작하면서 그에 따라 발생하는 언어적 오류를 보완하고 '상거래의 명료성'을
높이고자 화자의 의도를 나타내는 서술어를 문두에 배치하는 형태로 변모하게 되었다고 해.
그럼 과연 우리말과 영어 중 언어적 오류가 적은 쪽은 어디일까?
두 나라의 언어로 떡볶이를 주문해 볼게.

　　　　　　　　　　　　　　　　　서술어
떡볶이 2인분 같은 1인분 <u>주세요</u>

서술어
<u>Get</u> 　　 me 　　 one serving of tteokbokki 　that looks like two.
<u>주세요</u> 　나에게 　　 1인분 　　 떡볶이 　　 보이기에는 2인분

우리말은 끝까지 들어봐야 안다는 말이 괜히 있는게 아니지? 의도가 담긴 [서술어]를 가장
마지막에 말하는 우리말과는 달리, 영어는 가장 처음에 [서술어]를 말하기 때문에 상거래의
명료성이 높고, 중요한 사실과 정보를 먼저 나타내기 때문에 비교적 언어적 오류가 적은
언어라 할 수 있어.

우리만의 리그 5형식

동사의 어순을 살펴보기 위해서는 학창시절 우리를 지긋지긋하게 괴롭히던 5형식에 대해
알아보아야 해. 5형식은 문장을 만드는 5가지 규칙으로 우리나라의 모든 영문법서에 등장하는
기준과도 같은 존재야. 하지만 흥미로운 사실은 전 세계 어느 국가도 5형식에 대해 배우지
않는다는 거야. 심지어 세계인들이 사용하는 현대 영문법서에서 조차 5형식을 언급하지 않고
있어. 그러면 어째서 우리만 5형식을 배우고 있는 걸까? 그 진실을 파헤쳐 보자.

5형식의 시작

일본제국기의 영어교사인 호소에 이쯔키(1884-1947)는 영국학자가 쓴 [Advanced English Syntax, 1904]라는 책에서 '술부형태를 나누는 5가지 방법'을 자신의 저서 [영문법범론]에 소개했어. 일본인 영어교사들은 이 개념을 식민지배하에 있는 우리나라에 가지고 들어와 가르치기 시작했고 그 교육을 받은 학생들은 선생님이 되어 다음 세대의 학생들에게 대물림하고 있는 거야.

그럼 5형식은 나쁜 거야?

전 세계 비영어권 국가의 학생들은 복잡한 5형식을 배우지 않고도 어려움 없이 영어를 배워. 그렇다면 우리도 5형식을 배우지 않고 영어를 배울 수 있는게 아닐까?

정답은 아니.

일본의 잔재와도 같은 5형식이 싫어서 학생들에게 5형식 없는 영어를 가르쳐 보려고 시도해보았지만 그럴 수 없었어. 비영어권의 학생들이 5형식을 배우지 않고도 영어를 무리 없이 학습할 수 있는 이유는 그들의 언어의 형태가 영어와 같은 고립어이기 때문이야. 이것은 마치 우리가 일본어를 배우는데 일본어식 사고법을 배우지 않는 것과 마찬가지지. 고립어인 영어는 교착어인 우리말과 너무나도 다르기 때문에 그들의 머릿속에서 만들어지는 영어식 사고법을 익혀야만 하고 그것을 규칙화한 5형식을 반드시 학습해야만 해.

훈민영음 제 6배열

하지만 기존의 5형식은 우리말의 고유한 성질을 반영하지 못하기 때문에 완벽한 정답이 될 수 없었어. 그래서 대한민국의 모든 영어학습자들이 쉽게 이해할 수 있는 규칙을 개발하기위해 오랜시간 고민하고 연구했고 마침내 그에 대한 해답을 찾았어. 그럼 지금부터 우리말을 기준삼은 훈민영음 '제 6배열'을 만나보자.

기존 5형식 VS 훈민영음 제 6배열

기존 5형식은 영어의 역변성을 다루지 못하기 때문에 마치 형식에 따라 동사가 정해져 있는 것처럼 느껴져. [1형식 동사, 2형식 동사, 3형식 동사, 4형식 동사, 5형식 동사...]

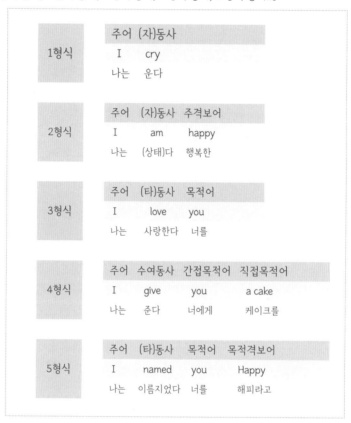

1형식	주어 (자)동사	
	I cry	
	나는 운다	

2형식
주어　(자)동사　주격보어
I　am　happy
나는　(상태)다　행복한

3형식
주어　(타)동사　목적어
I　love　you
나는　사랑한다　너를

4형식
주어　수여동사　간접목적어　직접목적어
I　give　you　a cake
나는　준다　너에게　케이크를

5형식
주어　(타)동사　목적어　목적격보어
I　named　you　Happy
나는　이름지었다　너를　해피라고

또한 [절]이나 [구]가 위치할 경우 더이상 형식으로 분류하지 못하는 한계를 지니고 있어.

I belive I can fly
몇 형식?

Tell me that you love me
몇 형식?

The man who can'be be moved
몇 형식?

주어, 보어, 목적어의 틀	보어, 수식어의 틀	수식어의 틀	서술어의 틀
명사의 어순	형용사의 어순	부사의 어순	동사의 어순

하지만 영어의 역변성을 골자로한 훈민영음 제 6배열은 우리말의 **용언의 개념**을 적용하여 동사와 준동사를 배열의 기준으로 삼았고 이를 통해 5형식의 한계를 극복했어. (172쪽 참고)

훈민영음 제 6배열

* 동사와 준동사를 배열의 기준으로 함
* 주어와 수식어는 배열의 핵심요소에서 제외됨
* 역변성에 근거하여 틀에 따라 단어의 의미가 달라 질 수 있음

배열의 기준

동사	준동사
서술어의 틀	주, 목, 보, 수식어의 틀

	(준)동사		(준)동사 + 보어
1배열	(to) **make** for the gate	2배열	(to) **make** a good teacher
	가(다) 게이트로		되(다) 좋은 선생님이
	(준)동사 + 목적어		(준)동사 + 목적어 + 목적어
3배열	(to) **make** a robot	4배열	(to) **make** him a robot
	만들(다) 로봇을		만들어 주(다) 그에게 로봇을
	(준)동사 + 목적어 + 보어		기존 배열이 무너진 독특한 배열
5배열	(to) **make** him study	6배열	Never will I **make** it
	시키(다) 그에게 공부를		절대 해낼 수 없을 것이다 그것을

준동사에 대한 내용은 Chapter 5에서 다루기로 하고 먼저 동사로 이루어진 6배열을 살펴보도록 할게.

용어 정리
서술어? 동사?

	서술어	
주어	동사	형용사
I	am	pretty
나는	(상태)다	예쁜

(한국어 표)

주어	서술어
나는	예쁘다

앞서 형용사 편에서도 살펴보았듯이 **우리말 형용사**는 서술어의 기능을 할 수 있지만 **영어의 형용사**는 서술어의 역할을 할 수 없기 때문에 별도의 연결동사[linking verb]가 필요해. 즉, [형용사 pretty]는 [be동사]와 결합한 후에야 비로소 **서술어**가 될 수 있어. 물론 스스로 의미를 전할 수 있는 동사들, 예를 들어 [웃다: smile], [자다: sleep], [운다: cry], [난다: fly] 등의 자(自)동사는 단독으로 **서술어의 기능**을 할 수 있기 때문에 '동사' 대신 '서술어'로 지칭 할 수 있긴 하지만, 앞으로는 효율적인 설명을 위해 포괄적인 의미로 쓰이는 '**서술어**' 대신, 개별적 품사로 쓰이는 '**동사**'로 지칭하며 설명을 이어 가도록 할게.

　❋ 서술어의 틀: [자,타동사], [동사 + 보어], [조동사 + 동사], [구동사, 동사구(105쪽)]

동사의 양면성: 자동사와 타동사

6배열을 살펴보기에 앞서 먼저 동사의 성질을 이해해야 해. 동사는 동전처럼 양면을 지니고 있어. 때론 자신을 설명하는 자[自]동사가 되기도 하고, 때론 다른 대상을 설명하는 타(他)동사가 되기도 해. 이 또한 역변성에 의해 동사의 역할이 변화한거야.

자自　타他
(스스로) -하다　(남을) -하게 하다

자동사[自] intransitive verb	동사가 주어 스스로를 설명을 하는 경우를 자(自)동사
타동사(他) transitive verb	주어가 다른 대상(목적어)를 설명하는 경우를 타(他)동사

동사의 역변: 자동사와 타동사

자동사		타동사
일어[나다]	wake up	일어[나게 하다]

	자동사			타동사	목적어
I	wake up		I	wake up	my mom
나는	일어[난다]		나는	일어[나게 한다]	우리 엄마를

자동사		타동사
걷[다]	walk	걷[게 하다]

	자동사			타동사	목적어
I	wake up		I	wake up	my mom
나는	일어[난다]		나는	일어[나게 한다]	우리 엄마를

	자동사			타동사	
	달[리다]			달[리게 하다]	

	자동사		타동사	목적어
He	runs	He	runs	a company
그가	달[린다]	그가	달[리게 한다] (경영한다)	한 회사를

	자동사			타동사	
	열[리다]			열[리게 하다]	

	자동사		타동사	목적어
The door	opened	He	opened	the door
문이	열[렸다]	그가	열[었다]	그 문을

자동사

맛[이 나다]

타동사

맛[을 보다]

	자동사	보어
The coffee	tastes	bitter
그 커피가	맛[이 난다]	쓴

	타동사	목적어
He	tastes	coffee
그가	맛[을 본다]	커피[를]

자동사

냄새[나다]

타동사

냄새[맡다]

	자동사	보어
The coffee	smells	good
그 커피가	냄새[난다]	좋은

	타동사	목적어
He	smells	coffee
그가	냄새[맡는다]	커피[를]

taste look smell feel은 [자동사]로 쓰이면 **[감각동사]**라 하고, [타동사]로 쓰이면 **[지각동사]** 라고 해.

이처럼 같은 형태의 동사일지라도 의미가 변할 수 있음을 기억하며 여섯가지 문장의 배열을 살펴보도록 하자!

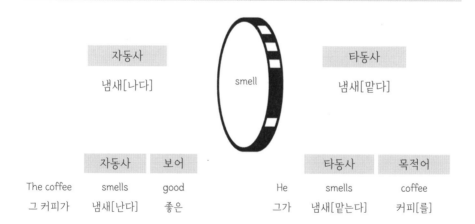

1배열　(준)동사　　　　　**2배열**　(준)동사　보어

1배열은 동사만으로 이루어진 문장이야. 주어와 수식어가 붙더라도 문장의 배열에 포함되지 않는다는 사실을 기억하자!　　　　　❋ 주어 없이 동사가 문두에서 사용될 경우 명령문!

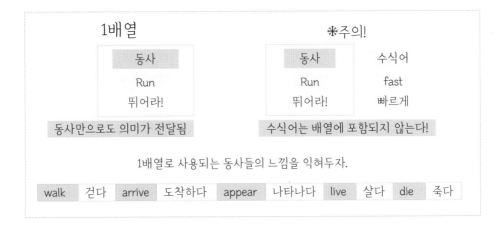

1배열

동사
Run
뛰어라!

동사만으로도 의미가 전달됨

❋주의!

동사	수식어
Run	fast
뛰어라!	빠르게

수식어는 배열에 포함되지 않는다!

1배열로 사용되는 동사들의 느낌을 익혀두자.

walk　걷다　arrive　도착하다　appear　나타나다　live　살다　die　죽다

2배열은 [동사 + 보어]로 이루어진 문장으로 동사만으로는 아무런 의미를 갖지 못하고 보어와 함께 해야만 온전한 문장이 돼.

보어 complement　문장에서 주어와 동사만으로는 뜻이 불완전한 경우, 서술이 완결되도록 보충하는 성분

2배열

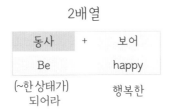

동사	+	보어
Be		happy
(~한 상태가) 되어라		행복한

2배열로 사용되는 동사들의 느낌을 익혀두자

be　(상태)다　look　~로 보이다　turn　~로 바뀌다　become　~가 되다　grow　~로 자라나다

만약 1배열과 2배열을 구분하지 못한다면?

		①					②
Things	go	**badly**	VS	Things	go		**bad**

두 문장 모두 Things go 라는 공통된 주어와 동사를 사용하고 있지만 왼쪽 문장은 1배열,
오른쪽 문장은 2배열에 해당 돼.   ※ things는 상황이나 사물들을 통칭하는 말

주어	동사	수식어 (부사)
Things	go	badly
상황이	(되어)간다	나쁘게

1배열

주어	동사	보어 (형용사)
Things	go	bad
사물이	(~상태가 되어) 간다	나쁜

2배열

> badly는 [수식어의 틀]에 위치한 부사로 독립적인 역할을 하고 있지만 bad는 [보어의 틀]에
> 위치한 형용사로 동사와 결합하여 의미를 전달하고 있어.

/배열	Things go **badly**	(미국과 북한과의) 상황이 나쁘게 되어 간다.
2배열	Things go **bad.**	(냉장고에 넣지 않으면) 음식은 나쁜 (상태로)되어 간다. [상한다]

이처럼 의미상으로 큰 차이를 줄 수 있는 배열과 품사를 안일하게 바라보지 말아야겠지?

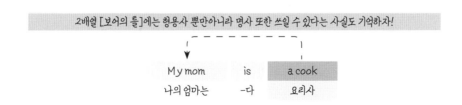

2배열 [보어의 틀]에는 형용사 뿐만아니라 명사 또한 쓰일 수 있다는 사실도 기억하자!

My mom	is	a cook
나의 엄마는	-다	요리사

2배열에서 사용되는 대표적 동사
be동사, 감각동사, 상태변화동사

2배열에서 사용되는 동사는 보어를 명사와 연결시켜주기 때문에 연결동사[linking verb]라고도 해.

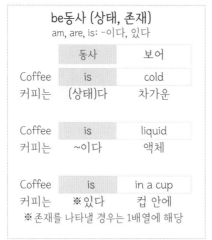

be동사 (상태, 존재)
am, are, is: -이다, 있다

동사	보어
is	cold

Coffee 커피는 (상태)다 차가운

동사	보어
is	liquid

Coffee 커피는 ~이다 액체

동사	보어
is	in a cup

Coffee 커피는 ※있다 컵 안에

※존재를 나타낼 경우는 1배열에 해당

상태 변화동사
become, get, turn: -가 되다

동사	보어
became	sour

Coffee 커피는 (상태가)되었다 신

동사	보어
got	cold

Coffee 커피는 (상태가)되었다 찬

동사	보어
turned	sweet

Coffee 커피는 (상태가)되었다 달콤한

감각동사
taste(맛이나다) look(보이다) smell(냄새나다) 등

주어	동사	보어
Coffee 커피는	tastes 맛이난다	good 좋은
Coffee 커피는	smells 냄새난다	bad 나쁜

여기서 잠깐!

Coffee | looks | hot |

이 문장에서 아주 중요한 사실
두 가지를 살펴보고 갈게

첫 번째: 부사같은 형용사

'-게'는 부사의 토씨이기 때문에 [뜨겁게]라고 한다면 [형용사 hot]이 아닌 [부사 hotlly]가 되어야 하지 않을까 생각할 수 있어. The coffee looks **hotly**처럼 말이야. 하지만 보어의 틀에는 [명사]나 [형용사]만 위치할 수 있다고 한 것 기억나지? 아무리 부사의 토씨가 잘 어울린다 할지라도 반드시 형용사로 써주어야 해. 앞으로 **[보어의 틀]에 위치한 형용사가 부사의 토씨로 읽히는 경우**를 많이 보게 될거야. 반드시 형용사의 형태로 쓰도록 주의하자! 이 부분은 정말 중요하니까 별표 다섯개로 각인시켜 줄게!

각 ★★ ★★★ 인

두 번째: 3인칭 단수 주어

<u>looks</u>처럼 동사 뒤에 -s 가 붙어있는 것도 있고, 붙어있지 않은 것도 있는데 기준은 과연 무엇일까?

원래 고대의 영어는 일반동사 앞에 do나 does를 붙여 말했어. 하지만 시간이 지남에 따라 do는 사라지게 되었고 3인칭 단수 주어에서 사용되었던 (e)s는 동사 뒤로 붙게 되었지. 그리고 [부정문]이나 [의문문], [강조]를 할 때 다시 나타나는 형태로 변하게 된거야.

	고대 영어		**현대영어**
	동사 앞에 do(es)	불필요한 do 삭제	(e)s는 동사 뒤로
1인칭	I (do) love you	I ( ) love you	I love you
2인칭	You (do) know me	You ( ) know me	You know me
3인칭 단수주어	He (does) love me	He ( )es love me	He love(s) me
	My mom (does) know me	My mom ( )es know me	My mom know(s) me
	It (does) run fast	It ( )es run fast	It run(s) fast

❊ 동사에 -s를 붙이는 규칙

대부분의 동사는 -s
run - runs   jump - jumps

-ch, -sh, -s, -x, -o로 끝나는 동사는 -es
teach - teaches   wash - washes

자음+y 로 끝나는 동사는 y를 -ies
study - studies   fly - flies

have는 has

1배열과 2배열을 구분해 보자

[ ] 배열

I　　go　　fast
나는　　간다　　빠르게

[ ] 배열

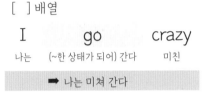

I　　go　　crazy
나는　(~한 상태가 되어) 간다　미친

➡ 나는 미쳐 간다

[ ] 배열

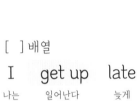

I　get up　late
나는　일어난다　늦게

[ ] 배열

I　am　late
나는　(상태)다　늦은

❋ 정답

1배열

I　go　fast
나는　간다　빠르게

나는 빠르게 간다

수식어로서 독립적으로 쓰인 fast

2배열

I　go　crazy
나는　(~한 상태가 되어) 간다　미친

나는 미쳐 간다

보어로서 동사와 함께 쓰인 crazy

1배열

I　get up　late
나는　일어난다　늦게

나는 늦게 일어난다

수식어로서 독립적으로 쓰인 late

2배열

I　am　late
나는　상태다　늦은

나는 늦었다

보어로서 동사와 함께 쓰인 late

올바른 배열을 선택해보자

예시)

☐ 1배열 ☑2배열   ☐ 1배열 ☑2배열

I	am	late
나는	상태다	늦은

He	came	late
그는	왔다	늦게

① ☐ 1배열 ☐2배열

We	jump	high
우리는	점프한다	높게

② ☐ 1배열 ☐2배열

Sky	is	high
하늘이	상태다	높은

③ ☐ 1배열 ☐2배열

You	are	fast
너는	상태다	빠른

④ ☐ 1배열 ☐2배열

You	run	fast
너는	뛴다	빠르게

⑤ ☐ 1배열 ☐2배열

I	wake up	early
나는	일어난다	일찍

⑥ ☐ 1배열 ☐2배열

It	is	early
그것은	상태다	이른

⑦ ☐ 1배열 ☐2배열

They	are	short
그들은	상태다	짧은

⑧ ☐ 1배열 ☐2배열

Throw	the ball	short
던져라	공을	짧게

❋ 정답

① 1배열 ② 2배열 ③ 2배열 ④ 1배열 ⑤ 1배열 ⑥ 2배열 ⑦ 2배열 ⑧ 1배열

3인칭 단수형과 과거형

be동사와 do동사의 3인칭 단수형을 살펴볼게. do동사의 과거형은 동사 뒤에 ed를 붙이면 돼.
다만 이러한 규칙이 적용되지 않는 **불규칙한 동사**들이 있는데 이들은 부록에 정리해 둘테니
익혀두도록 하자.

be동사		현재 다	과거 이었다
1인칭	I 나	am	was
	We 우리	are	were
2인칭	You 너	are	were
3인칭 단수	He 그	is	was
	She 그녀	is	was
	그것 It	is	was
3인칭 복수	They 그들	are	were

do 동사		현재 청소한다	과거 청소했다
1인칭	I 나	clean	cleaned
	We 우리	clean	cleaned
2인칭	You 너	clean	cleaned
3인칭 단수	He 그	cleans	cleaned
	She 그녀	cleans	cleaned
	그것 It	cleans	cleaned
3인칭 복수	They 그들	clean	cleaned

be동사와 do동사의 3인칭 단수형과 과거형을 채워보자

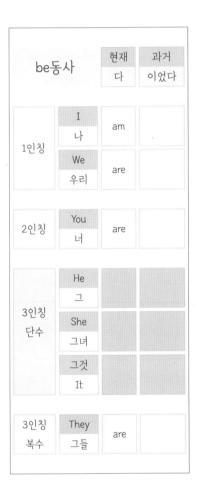

be동사		현재 다	과거 이었다
1인칭	I 나	am	
	We 우리	are	
2인칭	You 너	are	
3인칭 단수	He 그		
	She 그녀		
	그것 It		
3인칭 복수	They 그들	are	

do 동사		현재 청소한다	과거 청소했다
1인칭	I 나	clean	
	We 우리	clean	
2인칭	You 너	clean	
3인칭 단수	He 그		
	She 그녀		
	그것 It		
3인칭 복수	They 그들	clean	

be동사와 do동사의 대참사

be동사와 do 동사를 올바르게 사용하지 못하면 대참사가 발생할 수도 있어.
고백을 준비하는 한 남자의 이야기를 들어보자.

전 많이 서툴러요.

그대와는 다르죠.

하지만 용기 내 볼게요.

사랑하는 사람에게

그대와는 다르죠 라는 말을 하고 싶어. A, B 중 무엇을 골라야 할까?

잘못 선택하면 대참사가 발생할 수도 있는 절체절명의 순간,

당신의 선택은?

A
I **am** not like you

B
I **do** not like you

A의 [am]은 동사이기 때문에 [like]는 더이상 동사가 아니야. 이때는 [~처럼, ~와 같은]의
전치사로 역변하여 [나는 너와는 같지 않다. 즉, 그대와는 다르죠] 라는 의미가 되었어. 하지만
B의 [do]는 not과 함께 쓰여 [like]의 부정을 하면서 [난 너를 좋아하지 않는다] 라는 말이 되었지.
만약 be동사와 do동사를 구분하지 못한다면 이런 대참사가 일어날 수도 있으니 꼭 주의해야 해.

부정문 & 의문문의 어순

부정문 만들기		의문문 만들기	
일반동사 :	일반동사 앞 do not 붙이기!	일반동사 :	do를 문장 맨 앞으로!
be동사 :	be동사 뒤 not 붙이기!	be동사 :	be동사를 문장 맨 앞으로!
조동사 :	조동사 뒤 not 붙이기!	조동사 :	조동사를 문장 맨 앞으로!

	일반동사	be동사	조동사
기본 문장	You (do) love me 넌 날 사랑해	You [are] happy 너 행복하구나	You [will] marry me 넌 나랑 결혼할거야
부정문	You [do not] love me 넌 날 사랑하지 않아	You [are not] happy 너 행복하지 않구나	You [will not] marry me 넌 나랑 결혼하지 않을거야
의문문	[Do] you love me? 날 사랑해?	[Are] you happy? 너 행복해?	[Will] you marry me? 나랑 결혼해줄래?
의문사 + 의문문	[Why do] you love me? 왜 날 사랑하는 거야?	[Why are] you happy? 왜 넌 행복한거야?	[When will] you marry me? 언제 나랑 결혼할거야?

의문문 앞에 의문사 붙이기

영어 말하기는 자전거 타기와도 같아. 직접 해보지 않으면 실력을 향상시킬 수 없는법!

한글을 보며 영어로 말해보자!

	일반동사	be동사	조동사
기본 문장	넌 날 사랑해	너 행복하구나	넌 나랑 결혼할 거야
부정문	넌 날 사랑하지 않아	너 행복하지 않구나	넌 나랑 결혼하지 않을 거야
의문문	날 사랑해?	너 행복해?	나랑 결혼해줄래?
의문사	왜 날 사랑하는 거야?	왜 넌 행복한 거야?	언제 나랑 결혼할 거야?

✱ 부정문 줄임말

do not ➡ don't	does not ➡ doesn't	can not ➡ can't
did not ➡ didn't	are not ➡ aren't	could not ➡ couldn't
was not ➡ wasn't	is not ➡ isn't	will not ➡ won't
were not ➡ weren't	have not ➡ haven't	would not ➡ wouldn't
has not ➡ hasn't	had not ➡ hadn't	should not ➡ souldn't

주어, 보어, 목적어의 틀	보어, 수식어의 틀	수식어의 틀	서술어의 틀
명사의 어순	형용사의 어순	부사의 어순	**동사의 어순**

3배열 (준)동사 목적어   **4배열** (준)동사 목적어 목적어

3배열은 목적어가 있는 문장이야. 목적어는 주어의 행위가 미치는 대상으로 토씨 [을/를]을 사용해. 예문을 들어볼게!

	동사	목적어
3배열	Get 마셔라	coffee 커피[를]

	동사	목적어	수식어
수식어가 붙은 3배열 문장	Get 마셔라	coffee 커피[를]	for yourself 너를 위해

1배열에서도 다루었듯이 수식어는 배열에 포함되지 않는다는 사실에 주의하자!

이때 수식어와 목적어의 위치와 바꿀 수가 있는데 이것이 4배열이야.

	동사	목적어	수식어
3배열	Get 마셔라	coffee 커피[를]	for yourself 너를 위해

	동사	목적어	목적어
4배열	Get 마셔라	yourself 커피[를]	coffee 너를 위해

3배열의 동사가 4배열의 동사로 역할이 변하게 되면 받는 대상과 받는 물건의 위치가 바뀌게 되고 동사를 [~를 하다] 에서 [~를 주다]로 읽어야 해. 이렇게 쓰인 4배열 동사를 **수여 동사**라고 불러.

여기서 궁금한 점 하나!
3배열 문장만 써도 될 것을 굳이 4배열 문장으로 쓰는 이유가 있을까?

그 이유는 앞서 설명했듯이 영어는 '상거래의 명료성'이 높은 언어로 발전했기 때문에
강조하고 싶은 대상이 물건일 경우에는 3배열, 생물일 경우에는 4배열로 말하는 거야.

Guess what I gave to my dog. 내가 강아지에게 무엇을 줬는지 알아?	강조하는 대상이 사물이면 3배열! I gave a necklace to my dog 나는 줬지 목걸이를 강아지에게.
Guess who I gave a necklace. 내가 누구에게 목걸이를 줬는지 알아?	강조하는 대상이 생물이면 4배열! I gave my puppy a necklace. 나는 줬지 강아지에게 목걸이를

영문법서에는 4배열의 어순을 [주어 + 동사 + 간접목적어 + 직접목적어]로 정의하는데
이건 인도나 중국인들이나 이해하기 쉽지 우리에게는 맞지 않아. 대신 [동사 + 목적어 +
목적어]로 구분 짓고, 토씨를 목적어[에게] 목적어[를] [주다] 라고 익혀두도록 하자.

역변성에 유의하며 3배열과 4배열을 전환해보자

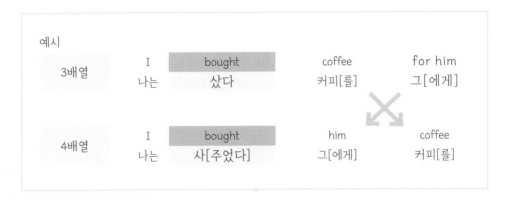

예시

	I 나는	bought 샀다	coffee 커피[를]	for him 그[에게]
3배열				

	I 나는	bought 사[주었다]	him 그[에게]	coffee 커피[를]
4배열				

①

4배열	I 나는	cook 요리해 [주었다]	him 그[에게]	dinner 저녁식사[를]

3배열배열	I 나는	cook 요리한다		

②				
3배열	I 나는	gave 주었다	coffee 커피[를]	to him 그[에게]
4배열	I 나는	gave 주었다		

③				
4배열	I 나는	showed 보여주었다	her 그[녀에게]	a picture 사진[을]
3배열	I 나는	showed 보여주었다		

✱ 정답

① I cook dinner for her　② I gave him coffee　③ I showed a picture to her

to 와 for를 구분하기 위해서는 두 단어의 고유한 느낌을 이해해야 해. 간략히 설명하자면 to는 [동적인 느낌]을 지니고 있고 for는 [정적인 느낌]을 지니고 있다고 할 수 있어. 따라서 편지 앞머리에는 to를 써서 대상으로의 이동을 나타내고, 선물을 줄 때에는 대상에 집중하는 [for]를 쓰는 거야.

목적어 토씨의 배신 [1] -을-

목적격 토씨 [을]의 사전적 의미는 다소 충격적일 수 있어.

목적격조사 [을]

①주체가 목표로 하는 대상 ② 이동하고자 하는 장소

우리는 목적격조사 [을]이 사용되면 모두 목적어로 착각하지만 그래선 안돼. 영어는 ①번만 목적어로 구분하고 ②번은 [장소와 위치, 방향]을 나타내는 수식어로 보기 때문이야.

ⓐ, ⓑ의 home 모두 목적격 조사 [을/를]을 사용하고 있지만 ⓐ만이 **목적어**에 해당돼. ⓑ의 [을]은 장소와 방향을 나타내기 때문에 **수식어**에 해당되지.

역변성으로 바라보면, 같은 home 일지라도 ⓐ에서는 [목적어의 틀]에 쓰인 명사로 ⓑ에서는 [수식어의 틀]에 쓰인 부사로 역변했다고 볼 수 있어.

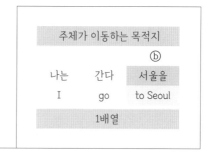

물론 ⓑ의 to seoul처럼 [방향, 위치]를 나타내는 전치사와 함께 [을]이 쓰였다면 쉽게 수식어임을 확인할 수 있지만 우리가 여기에서 주목할 점은 토씨 [을]도 수식어로 쓰일 수 있다는 점!

목적어 토씨의 배신 [2] -에게-

앞에서 [방향, 위치]를 나타내는 토씨는 수식어에 해당한다고 배웠어. 따라서 [-에게]는 수식어라고 생각할 수도 있지만 목적어로 사용되는 경우도 있기 때문에 주의할 필요가 있어. 이랬다 저랬다 헷갈리지?

I	run	to you
나는	달려간다	너에게
전치사와 함께 쓰이면 수식어		

I	said	to you
나는	말했다	너에게
전치사와 함께 쓰이면 수식어		

　　　　물론 전치사와 함께 쓰인 [에게]는 수식어로 구분하는데 어려움이 없어.

It	fits	you
그것은	어울린다	너에게
행동이 미치는 대상 목적어		

I	feed	cats
나는	먹이를 준다	고양이에게
행동이 미치는 대상인 목적어		

하지만 이렇게 [목적어의 틀] 안에 있음에도 불구하고 수식어의 토씨인 [에게]가 쓰이기도 하는데 이는 단순히 [방향, 위치]를 나타내는 것이 아니라 행동이 미치는 대상을 나타내기 때문에 [목적어]에 해당한다고 볼 수 있는 거야.

　　　　　　그럼 I feed to cats 라고 쓰면 안되는 걸까?

feed에는 [먹이를 주다]라는 뜻으로 단어 자체에 [~에게]가 포함되어 있기 때문에 to를 또 쓰게 될 경우 [I feed to cats: 나는 고양이에게**에게** 먹이를 주다.] 라는 중복된 말이 되어버리지. 어떤 단어가 전치사를 내포하고 있는지 아닌지를 구분하는 기준이 있다면 좋겠지만 그렇지도 않아. 그래서 토익이나 토플 등의 어학시험에는 **타동사로 착각하기 쉬운 자동사, 혹은 자동사로 착각하기 쉬운 타동사**라 이름 붙여서 이들을 구분하는 문제가 자주 출제되곤 해.

알맞은 것에 ✔체크 하기

She	arrived	☐ at me
		☐ me
그녀는	왔다	나에게
자동사 arrive! 수식어 at me!		

알맞은 것에 ✔체크 하기

She	approached	☐ to me
		☐ me
그녀는	접근했다	나에게
타동사 approach! 목적어 me!		

우린 토씨 [에게]가 목적어에 해당될 수 있다는 사실에만 주목하기로 하고, 시험을 준비하는 학생들을 위해 **착각하기 쉬운 동사들**을 부록에 따로 정리해 둘테니 참고하도록 해!

5배열 (준)동사 목적어 보어

5배열 문장은 목적어가 있기 때문에 토씨 [을/를]이 사용되지만 그렇지않은 경우가 있어. 이것을 이해하기 위해 먼저 우리말의 [이중주어]라는 개념을 살펴볼게.

우리는 하나의 문장에 주어는 하나라고 배웠어.

하지만 두 개의 문장을 하나의 문장으로 합치게 될 경우 주어가 더 생겨나게 되는데 이것을 바로 **이중주어**라고 해.

바로 이렇게 이중주어가 들어간 문장을 5배열이라 하는 거야.

물론 주어가 없이 [목적어+보어] 순으로 배열되는 경우도 이중주어의 개념이 적용되겠지?

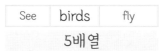

영어에는 이중주어대신 의미상 주어라는 개념이 있지만 상대적으로 좁은 의미로 사용되기 때문에 꼭 이중주어의 개념을 기억해두기로 하자!

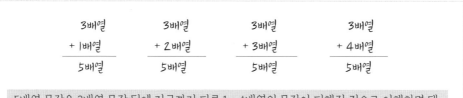

5배열 문장은 3배열 문장 뒤에 지금까지 다룬 1 ~ 4배열의 문장이 더해진 것으로 이해하면 돼.

목적어와 보어의 규칙 3가지

5배열 문장! 목적어와 보어의 규칙 세가지를 알아볼게.

동사	목적어	보어
See	them	fly
	☐ 그것들을	☐ 날아간다
보아라	☐ 그것들은	☐ 날아가서
	☐ 그것들이	☐ 날아가는 것을

첫 번째 !　목적어의 토씨는 동사에 따라 [-가], [-에게], [-를]로 사용할 수 있어.

두 번째 !　목적어가 주어의 토씨로 사용될지라도 반드시 목적격으로 사용해야 해!
　　　　　[me: 내가, him: 그를, her: 그녀가, them:그들이, us:우리가]

세 번째 !　보어는 명사와 형용사만 위치할 수 있지만 부사의 토씨가 사용되는 경우가 많아.
　　　　　58쪽에서 별 다섯 개로 각인했던거 기억하지? ★★ ★★★ 따라서 부사의
　　　　　토씨가 사용될지라도 절대 부사로 쓰지 않도록 주의해야 해!

그럼 이제 5배열의 동사를 두 분류로 나누어 목적어와 보어의 토씨에 유의하며 하나씩
살펴보도록 하자!

동사	목적어	보어

① 이름, 명칭의 동사
② 상태를 만드는 동사

5배열	① 이름 명칭의 동사	목적어	보어
	call 부르다		
	name: 이름짓다		
	elect: 선출하다		

아래의 문장을 토씨에 맞게 읽어보자

[Call me Sarang]

3 배열
Call me
불러라 나를

+

2 배열
I am Sarang
나는 사랑이다

5 배열		
동사	목적어	보어
call	me	Sarang
□ 불러라	□ 내[가]	□ 사랑[을]
□ 부르다	□ 나[를]	□ 사랑[은]
	□ 나[에게]	□ 사랑[이라고]

✳ call의 토씨

　목적어: [-을/를]

　보어: 보어의 자리이지만 부사의 토씨 [-라고]　★★ ★★★

- 77 -

5배열	① 이름 명칭의 동사	목적어	보어

call 부르다

name: 이름짓다

elect: 선출하다

아래의 문장을 토씨에 맞게 읽어보자

[I named you Sarang]

3 배열
I named you
나는 이름지었다 너를

+

2 배열
You are Sarang
너는 사랑이다

5 배열			
주어	동사	목적어	보어
I	named	you	Sarang
내가	이름지었다	□ 너[가]	□ 사랑[을]
		□ 너[를]	□ 사랑[은]
		□ 너[에게]	□ 사랑[이라고]

✳ name의 토씨

　목적어: [-을/를]

　보어: 보어의 자리이지만 부사의 토씨 [-라고]　★★ ★★★

주어, 보어, 목적어의 틀	보어, 수식어의 틀	수식어의 틀	서술어의 틀
명사의 어순	형용사의 어순	부사의 어순	동사의 어순

5배열	① 이름 명칭의 동사	목적어	보어
	call 부르다		
	name: 이름짓다		
	elect: 선출하다		

아래의 문장을 토씨에 맞게 읽어보자

[We elected you a president]

3 배열
I elected you
나는 선출했다 너를

+

2 배열
You are a president
너는 대통령이다

5 배열			
주어	동사	목적어	보어
I	elected	you	a president
내가	선출했다	□ 너[가]	□ 대통령[을]
		□ 너[를]	□ 대통령[이]
		□ 너[에게]	□ 대통령[으로]

⁕ elect의 토씨

목적어: [-을/를]

보어: 보어의 자리이지만 부사의 토씨 [-으로] ★★ ★★★

- 79 -

5배열	② 상태를 만드는 느낌의 동사	목적어	보어

make: 만들다

keep: 유지하다

아래의 문장을 토씨에 맞게 읽어보자

[Make me happy]

3 배열
Make me
만들어라 나를

+

2 배열
I am happy
나는 행복하다

5 배열		
동사	목적어	보어
Make	me	happy
□ 만든다	□ 내[가]	□ 행복한
□ 만들어라	□ 나[를]	□ 행복하게
	□ 나[에게]	□ 행복해서

✳ make의 토씨

목적어: [-을/를] 혹은 [이/가]

보어: 보어의 자리이지만 부사의 토씨 [-게] ★★★★

5배열	② 상태를 만드는 느낌의 동사	목적어	보어
	make: 만들다		
	keep: 유지하다		

아래의 문장을 토씨에 맞게 읽어보자

[Keep it cool]

3 배열
Keep it
유지해라 그것을

+

2 배열
It is cool
그것은 시원하다

5 배열		
동사	목적어	보어
Keep	it	cool
□ 유지한다	□ 그것[은]	□ 시원[한]
□ 유지해라	□ 그것[을]	□ 시원[하게]
	□ 그것[이]	□ 시원[해서]

✳ keep의 토씨

목적어: [-을/를] 혹은 [이/가]

보어: 보어의 자리이지만 부사의 토씨 [-게] ★★★★

4배열과 5배열의 대참사

저에게 강아지를 맡겨둔 친구가 제가 보낸 카톡을 보더니 손절을 하자네요.
친구가 무슨 생각을 한거죠? 오해를 풀어주세요!

A	B
I made her a delicious meal	She made me happy

친구가 4배열과 5배열을 구분하지 못해서 발생한 일이네요. ^^
A: I made her a delicious meal 은 [나는] [만들어 주었다] [멍이에게] [맛있는 음식을] 이라는
4배열 문장이고 B: She made me happy 는 [멍이는] [만들었다] [나를] [행복하게]라는
5배열 문장이예요. 친구는 A를 5배열 문장으로 착각해서 [나는] [만들었다] [멍이를] [맛있는
음식으로]라고 해석하고는 보신탕을 끓였다는 말로 받아들인것 같아요. 영어의 역변성과
배열을 이해하지 못해 발생한 일인 것같으니 친구에게 잘 설명해 주세요!

 **베이스캠프**

우린 지금까지 영어라는 에베레스트산을 오르기위해 우리말과 영어를 언어유형학적 관점으로 비교 분석했고 [토씨의 언어인 우리말]과 [어순의 언어인 영어]를 이해했어. 여기까지 오느라 수고 많았다고 격려하고 싶어! 혹시라도 이제 그만 하산하고 싶은 친구들을 위해 에베레스트 등정과 관련한 흥미로운 이야기를 들려줄게.

연도	등정 인원
1986	4명
1987	2명
1988	50명
1990	72명
1992	90명
1993	129명

위의 표를 통해 알 수 있듯이 에베레스트를 등정한 사람들의 수가 1988년에 기하급수적으로 증가했어. 산이 갑자기 낮아진 것도 아닐텐데 그 이유는 무엇일까?

바로 베이스캠프 때문이야.

1988년 이전에는 대략 해발 9000미터의 ⅓ 지점에서 베이스캠프를 쳤다면 1988년 이후에는 ⅔지점에서 베이스캠프를 치기 시작했지. 최대한의 높이까지 자신을 끌어올리고 숨 고르기를 한거야. 영어도 마찬가지야. 영어를 정복하기 위해 내가 올라가야 하는 해발을 정확히 알고 어느 지점에서 베이스캠프를 쳐야하는지를 알아야 해.

그리고 지금 이 지점이 바로, 등정을 목전에 둔 우리의 베이스캠프야.

이제 정상이 얼마 남지 않았어. 이 고비만 넘으면 멀리서 바라볼 수 밖에 없었던 에베레스트 정상에서 있는 내 자신을 발견하게 될거야. 숨 한번 크게 내쉬고! 조금만 더 힘내보자!

5

결합성

결합성

우리가 지금까지 살펴본 모든 예시들은 [틀]안에 [하나의 단어]만 가둔 형태였어. 그 [틀]안에는 두 개 이상의 단어가 결합하여 위치할 수 있는데 이것을 **결합성**이라고 해.

	주어의 틀	서술어의 틀	목적어의 틀	보어의 틀	수식어의 틀
	명사 역할	동사 역할	명사 역할	명사 역할 형용사 역할	형용사 역할 부사 역할
	⬇	⬇	⬇	⬇	⬇
단어	close	close	close	close	close
	닫힘[은]	닫[다]	닫힘[을]	가까[운] 닫[힘]	가까[이] 가까[운]
?	?	?	?	?	?
?	?	?	?	?	?

이것은 우리말에도 존재하는 [구]와 [절]이라는 개념과 같아.

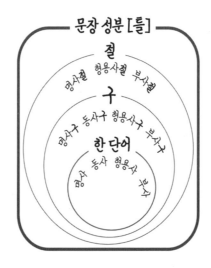

단어와 구와 절

그 책은 **구절구절** 마음에 와닿았어요. 선생님 말씀이 **구구절절** 다 맞습니다요.

[구]는 그저 둘 이상의 단어가 결합된 문장이라면, [절]은 주어와 동사가 결합된 문장으로 생각하면 돼. 이해를 돕기 위해 시계를 움직이는 톱니바퀴를 떠올려 볼게.

[단어: word]
[틀] 안에 위치한 하나의 단어

[구: phrase]
[틀] 안에 동사를 제외한 둘 이상의 단어의 결합

[절: clause]
[틀]안에 접속사와 주어 동사의 결합

시계 안에는 [하나의 톱니바퀴]가 위치할 수도 있고 [여러 개의 톱니바퀴]가 위치할 수도 있어. 이와 마찬가지로 영어의 [틀]에는 [하나의 단어], 혹은 [결합된 단어]가 위치하여 그 기능을 할 수 있지.

	주어의 틀	서술어의 틀	목적어의 틀	보어의 틀	수식어의 틀
	명사 역할	동사 역할	명사 역할	명사 역할 형용사 역할	형용사 역할 부사 역할
	⬇	⬇	⬇	⬇	⬇
한 단어	close 닫힘[은]	close 닫[다]	close 닫힘[을]	close 가까[운] 닫[힘]	close 가까[이] 가까[운]
구	to work 일하는 [것]은	work out 운동하[다]	to work 일하는 것[을]	to work 일하는 [것], 일[할]	to work 일[할], 일[해서]
절	that I work 내가일[한다는것은]		that I work 내가일[한다는것을]	that I work 내가일[한다는]	that I work 내가일[해서]

①, ②, ③번 모두 [주어의 틀]안에서 명사의 역할을 하고 있어.

①번은 [한 단어]가 명사의 역할을 하고 있어.
②번은 두 개 이상의 단어가 결합된 [구]로써 명사의 역할 하고 있어. 이를 [주어구] 혹은 [명사구]라고 해.
③번은 [주어와 동사]가 결합된 [절]로써 명사의 역할을 하고 있어. 이를 [주어절] 혹은 [명사절]이라고 해.

만약 이들 각각이 형용사의 역할을 하면 [형용사구], [형용사절], 부사의 역할을 하면 [부사구], [부사절]이라고 부르겠지?

이러한 단어의 [결합]은 **동사**와 **명사**에서만 이루어지게 돼.
먼저 <u>명사의 결합</u>부터 살펴볼게.

결합_1

구 전치사 + 명사

[구]와 [절]이 되는 방법은 총 6가지가 있어.
배터리를 한 칸씩 충전해가며 [구]와 [절]을 익혀보자.

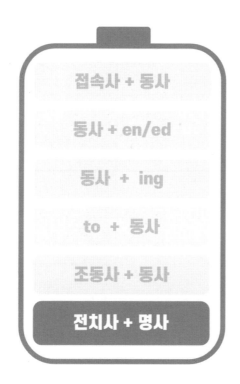

주 / 목 / 보 / 수식어의 틀
명사 결합

명사 결합은 전치사와 이루어지는데 전치사는 명사 앞에 놓이며 명사의 시간이나 방향, 거리, 날짜, 장소 등 대상을 지칭할 때 쓰여.

[**to** you]　[**for** you]　[**at** you]　[**on** you]　[**from** you]　[**after** you]

우리말은 명사 뒤에 붙이기 때문에 [**후치사**]라 하지만 영어는 명사 앞에 붙이기 때문에 [**전치사**]라고 해.

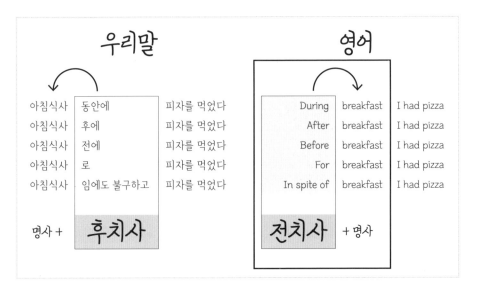

이렇게 결합된 명사는 역변성에 의해 때론 명사의 역할을 하기도, 때론 형용사의 역할을 하기도, 때론 부사의 역할을 하기도 해. 직접 퀴즈를 풀어보며 적용해보도록 하자!

Inside you
내면의 너[는], [를]
내면의 너[의]
내면의 너[에게서]

역변성과 결합성을 생각하며 적절한 토씨를 골라보자!

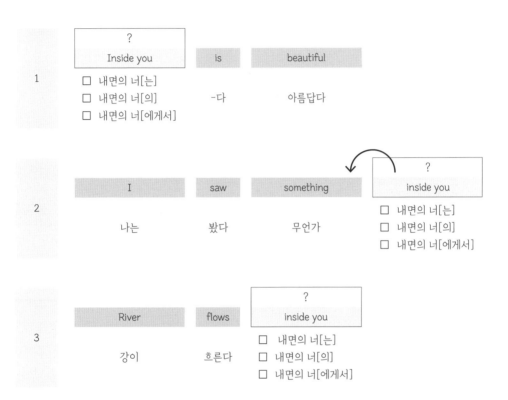

1
? Inside you — is — beautiful
☐ 내면의 너[는]
☐ 내면의 너[의]   -다   아름답다
☐ 내면의 너[에게서]

2
I — saw — something — ? inside you
나는   봤다   무언가
☐ 내면의 너[는]
☐ 내면의 너[의]
☐ 내면의 너[에게서]

3
River — flows — ? inside you
강이   흐른다
☐ 내면의 너[는]
☐ 내면의 너[의]
☐ 내면의 너[에게서]

1. 토씨정답		2. 토씨정답		3. 토씨정답	
주어의 틀	inside you	수식어의 틀	inside you	수식어의 틀	inside you
명사구	내면의 너[는]	형용사구	내면의 너[의]	부사구	내면의 너[에게서]

역변성과 결합성을 생각하며 적절한 토씨를 골라보자!

1

A bug	crawls	? on the table
벌레가	기어간다	☐ 테이블 위[를] ☐ 테이블 위[의] ☐ 테이블 위[에서]

2

something	? on the table	was	yours
무언가	☐ 테이블 위[를] ☐ 테이블 위[의] ☐ 테이블 위[에서]	-다	너의 것

3

I	dance	? on the table
나는	춤춘다	☐ 테이블 위[를] ☐ 테이블 위[의] ☐ 테이블 위[에서]

1. 토씨정답		2. 토씨정답		3. 토씨정답	
수식어의 틀	on the table	수식어의 틀	on the table	수식어의 틀	on the table
부사구	테이블 위 [를] (토씨의 배신 71쪽참고)	형용사구	테이블 위[의]	부사구	테이블 위[에서]

이렇게 명사의 결합을 알아보았고 다음은 <u>동사의 결합</u>이야.

결합_2

구 조동사 + 동사

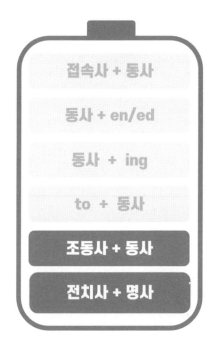

접속사 + 동사

동사 + en/ed

동사 + ing

to + 동사

조동사 + 동사

전치사 + 명사

주, 서, 목, 보, 수식어의 틀
동사 결합편

동사는 총 5가지의 단어 [조동사, to, ing, en/ed, 접속사]와 결합할 수 있어. 먼저 [eat:먹다]라는 단어를 결합해 보며 큰 그림을 그려볼게.

		주, 목적, 보어의 틀	보어, 수식어의 틀	수식어의 틀
동	eat 먹[다]			
조동사 + 동사	서술어의 틀	명 ~것	형 받침 ㄴ,ㄹ	부 나머지토씨
to + 동사 [현재-미래] 특정한 사건의 느낌		to eat 먹[는 것] to부정사의 명사적용법	to eat 먹[을] to부정사의 형용사적용법	to eat 먹[기위해] to부정사의 부사적용법
동사 + ing [과거-현재] 자주 진행되는 일상적 느낌		eating 먹[는 것] 동명사	eating 먹[는] 현재분사	eating 먹[으면서] 분사구문
동사 + ed/en [과거, 수동] 어떤 일을 당하는 느낌		(being/to be) eaten 먹힌 것, 먹히는것 (동명사, to부정사)수동	eaten 먹[힌] 과거분사	eaten 먹[히면서] 분사구문
접속사 + 동사		that I eat 내가 먹[는 다는 것] 명사절 접속사	that I eat 내가 먹[는] 관계대명사	that I eat 내가 먹[어서] 관계부사

*같은 단어이지만 틀에 따라 의미가 달라지는 **역변성**에 유의하며 살펴보기!*

같은 단어라 할지라도 역변성에 의해 품사의 역할과 의미가 변하는 것을 확인할 수 있었어. 조동사부터 하나씩 살펴보기로 하자.

서술어의 틀
조동사 + 동사 = [동사구]

지금까지 우리가 배운 조동사는 반쪽짜리 조동사다?

누군가 우리에게 조동사에 대해 물으면 열에 아홉은 can, will, may, must 등을 말할 것이고, 영문법을 공부한 적이 있는 학생이라면 조동사 뒤에는 동사의 원형만 쓸 수 있다고 말할 거야. 하지만 이는 조동사에 대한 반쪽짜리 설명이야. 조동사는 본래 서법 조동사(modal auxiliary)와 기본 조동사(auxiliary)로 나누어지는데, 우리는 서법 조동사인 [can, could, may, might, shall, should, will, would, must]만을 조동사라고 배웠고 [기본 조동사]에 대해서는 들어보지 못했어. 교과과정에서는 영어의 역변성에 대해 다루지 못하기 때문이지.

그럼 [기본 조동사]는 무엇일까? 바로 우리에게 친숙한 be동사, do 동사, have 동사야

서술어의 틀

I	do love	you
나는	정말 사랑한다	너를
I	am running	on the beach
나는	달리고 있다	해변을
It	was broken	by him
그것은	깨졌다	그에 그해서
I	have studied	Enlish
나는	공부해왔다	영어를

be동사와 do동사, have동사가 조동사가 될 수 있다니 믿기지 않겠지만 이 또한 역변성이 적용되었을 뿐이야. 그럼 [기본 조동사]부터 살펴보도록 하자.

서술어의 틀
기본조동사 be

be동사가 조동사로 **역변**할 경우에는 [to, ing, p.p형]과 함께 쓰이는데 이때에는 be동사와 함께 [서술어의 틀] 또는 [동사구]로 묶도록 하자.　　✱ 서술어와 동사의 구분은 52쪽을 참조

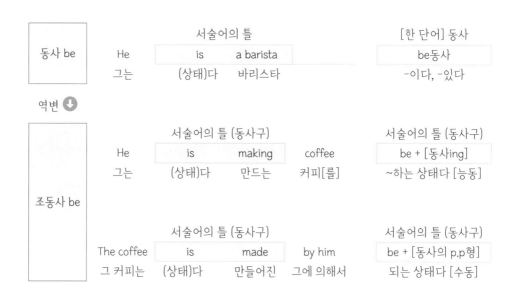

		서술어의 틀		[한 단어] 동사
동사 be	He	is　a barista		be동사
	그는	(상태)다　바리스타		-이다, -있다

역변 ⬇

		서술어의 틀 (동사구)		서술어의 틀 (동사구)
	He	is　making	coffee	be + [동사ing]
	그는	(상태)다　만드는	커피[를]	~하는 상태다 [능동]
조동사 be		서술어의 틀 (동사구)		서술어의 틀 (동사구)
	The coffee	is　made	by him	be + [동사의 p.p형]
	그 커피는	(상태)다　만들어진	그에 의해서	되는 상태다 [수동]

[ing]와 [p.p]에 대해서는 뒤에서 자세히 다루기로 할게. 지금은 눈도장만 쾅!

서술어의 틀
기본조동사 do

do가 일반적인 **동사**로 쓰였을 때는 [~을 하다] 라는 의미로 쓰이지만 **조동사로 역변**하였을 때는 **동사를 강조**하거나 **부정문과 의문문**을 만드는데 쓰여. 조동사로 역변한 do는 동사와 함께 [서술어의 틀]로 묵도록 하자.

[동사 do]가 [조동사 do]로 역변하는 경우를 살펴보자.

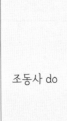

	동사		[한 단어] 동사
They	**do**	their homework	**do**
그들은	한다	숙제를	-를 하다

역변

서술어의 틀 (동사구)

				서술어의 틀 (동사구)
They	**do** **clean**		my room	**[강조]의 조동사**
그들은	한다! 청소!		나의 방을!	do + 동사: 한다!

서술어의 틀 (동사구)

			서술어의 틀 (동사구)
They	**don't** **clean**	my room	**[부정]의 조동사 do**
그들은	안한다 청소	나의 방을	do not: 안한다.

서술어의 틀 (동사구)

			서술어의 틀 (동사구)
Do	**They** **clean**	my room?	**[의문]의 조동사 do**
하니?	그들은 청소	나의 방을	Do 주어: 주어가 ~하니?

서술어의 틀
기본조동사 have [현재완료]

조동사로 역변한 have를 이해하기 위해서는 [have: 가지다]의 의미를 깊게 살펴볼 필요가 있어. 일반적으로 have는 [명사]를 가지고 있다는 의미로 사용하지만 조동사로 역변할 경우 뒤에 위치하는 [동사]를 가지고 있다는 의미로 사용돼. 동사를 가지고 있다는 말이 과연 무슨 말일까? 이는 have가 물질, 비물질적인 대상을 뛰어넘어 과거의 어떤 [상황이나 상태]를 현재 시점에도 지니고 있다는 뜻이야. 이때의 have는 동사의 ed/en형태 즉, p.p형과 함께 쓰이는데 이것을 [have + p.p] 현재완료(present perfect) 라고 불러.

굳이 복잡한 현재완료형을 쓰는 이유가 있을까?

그 이유는 바로 현재완료형이 일반 과거형 보다 언어적 효율성이 높고 의사를 더 명확하게 전달할 수 있기 때문이야. 우리말과 비교해 볼게.

한국어		영어	
과거	A : 나 지갑 잃어버렸잖아...	현재완료	A: I have lost my wallet..
			B: Sorry to hear that..
과거	B: 아 진짜? 찾았어?		
현재	A: 아니, 아직...	현재완료	A: 나는 과거에 지갑을 잃어버린 상황을 여전히 가지고 있어.
	B: 어쩜 좋니..		B: 어쩜 좋니..

이처럼 현재완료를 사용하면 여러 말이 오갈 필요가 없기 때문에 훨씬 효율적이라 할 수 있어.

서술어의 틀			
I	arrive 나는 도착한다	at the airport 공항에	평소
I	arrived 나는 도착했다	at the airport 공항에	지금인지 과거인지 불명확
I	am arriving 나는 도착하는 중이다	at the airport 공항에	지금 현재 진행 중인 일
I	have arrived 나는 도착한 상황을 가지고 있다	at the airport 공항에	과거부터 이어져 온 일의 현재 상황

예문에서처럼 [공항에 도착했다]라는 말을 과거시제인 arrived 로 사용하지 않고 현재완료시제인 have arrived로 사용하면 훨씬 명확하게 현재의 사실을 전달할 수 있어.

현재완료형의 부정

평소 나는 그와 말 안한다	I	don't speak	to him
지금인지 과거인지 불명확한 시제 나는 그와 말 안했다	I	didn't speak	to him
지금 현재 진행중인 일 나는 그와 말 안하고 있는 중이다	I	am not speaking	to him
과거부터 이어져 온 일의 현재 상황 나는 그와 말을 안해오고 있다	I	haven't spoken	to him

현재완료형의 수동

평소 나의 방은 청소된다	My room	is cleaned
지금인지 과거인지 불명확한 시제 나의 방은 청소됐다	My room	was cleaned
지금 현재 진행중인 일 나의 방은 청소되는 중이다	My room	is being cleaned
과거부터 이어져 온 일의 현재 상황 나의 방은 청소되어졌다	My room	has been cleaned

대과거

have의 과거형인 had를 써서 완료시제를 만들면 과거의 두 사건 중, 먼저 일어난 일을 나타낼 수 있어. 이를 [had + p.p] 대과거(大過去) 라고 불러.

When I got to school, the class **had** already **started**.

내가 학교에 도착했을 때, 수업은 이미 시작해있었다.

내가 학교에 도착한 것보다 수업이 먼저 시작했기 때문에 대과거 had started가 쓰인 거야.

주, 목, 보, 수식어의 틀	주, 서, 목, 보, 수식어의 틀
명사 결합	동사 결합

부사와 함께 이해하는 현재완료

현재완료형과 함께 익혀두면 좋은 [부사]가 있어.

이전에 시작된 동작이 현재 시점에 완료될 때

<table>
<tr><td></td><td colspan="3">서술어의 틀</td><td></td></tr>
<tr><td>just
이제, 방금, 막</td><td>She
그녀는</td><td>has just arrived
막 도착했다</td><td>in Seoul.
서울에</td></tr>
<tr><td>already
이미</td><td>I
나는</td><td>have already finished
이미 끝냈다</td><td>my homework.
숙제를</td></tr>
<tr><td>yet
벌써, 아직</td><td>I
나는</td><td>haven't read
읽지 않았다</td><td>the book yet.
그 책을 아직</td></tr>
</table>

이전부터 현재까지 경험을 나타낼 때

<table>
<tr><td></td><td colspan="3">서술어의 틀</td><td></td></tr>
<tr><td>ever
~한 적, ~전에</td><td colspan="2">Have you ever seen
본 적이 있나요</td><td>a giraffe?
기린을?</td></tr>
<tr><td>never
~한 적 없는</td><td>I
나는</td><td>have never forgotten
잊은 적이 없다</td><td>her smile
그녀의 미소를</td></tr>
<tr><td>before
~전에</td><td>We
우리는</td><td>haven't met
만난 적이 없다</td><td>him before.
그를 전에</td></tr>
</table>

과거 어느 시점에서부터 현재까지 계속되는 사건

<table>
<tr><td></td><td colspan="3">서술어의 틀</td><td></td></tr>
<tr><td>for
~한지, ~동안</td><td>They
그들은</td><td>have been married
결혼한 상태다</td><td>for 3years.
3년 동안</td></tr>
<tr><td>since
~이후로</td><td>We
우리는</td><td>have lived
살아왔다.</td><td>here since 2022.
여기서 2022년 이후로.</td></tr>
</table>

현재완료형과 함께 사용하는 [부사]를 넣어보자

이전에 시작된 동작이 현재 시점에 (완료)

이제, 방금	She has _____ arrived in Seoul. 그녀는 **방금** 서울에 도착했다.
이미	I have _____ finished my homework. 나는 **이미** 숙제를 끝냈다.
벌써, 아직	I haven't read the book _____. 나는 **아직** 그 책을 읽지 못했다.

이전부터 현재까지 (경험)

~한 적, ~전에	Have you _____ seen a giraffe? 기린을 본 **적**이 있습니까?
~한 적 없는	I have _____ forgotten her smile. 나는 그녀의 미소를 잊은 적이 **없다.**
~전에	We haven't met him _____. 우리는 **전에** 그를 만난 적이 없다.

과거 어느 시점에서부터 현재까지 (계속)

~한지, ~동안	They have been married _____ 3 years. 그들은 결혼한 상태다 3년 **동안**
~이후로	We have lived here _____ 2022. 우리는 살아왔다 여기서 2022년 **이후로**

✱ 정답: just, already, yet, ever, never, before, for, since

서술어의 틀
서법 조동사

서법조동사는 화자의 주관적인 의사를 표현하기 때문에 그 말이 그 말 같고 느낌도 비슷한 경우가 많아. 따라서 상황에 따라 서법조동사의 뉘앙스를 익히는 것이 중요해.

	A	B
can	할 수 있다	해도 된다
will	할 것이다	해줄 것이다
must	함에 틀림없다	해야 한다
should	함에 틀림없다	해야 한다
may	할지도 모른다	해도 된다

could는 can의 과거형이 아니라고?

Can you do this for me?	Could you do this for me?
이것을 해 주실래요?	이것을 해 주실 수 있을까요?

우리는 could는 can의 과거형, would는 will의 과거형이라고 배웠지만 조동사의 과거형은 화자가 자신의 의도나 의사를 좀 더 약하게 표현하고자 할 때 사용한다고도 볼 수 있어. 따라서 무언가를 부탁하거나 요청할 때 조동사의 과거형을 쓰게 되면 조금 더 공손한 표현이 되기도 하지.

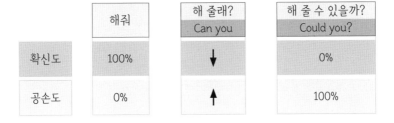

	해줘	해 줄래? Can you	해 줄 수 있을까? Could you?
확신도	100%	↓	0%
공손도	0%	↑	100%

화자의 확신

| 가능성 | can | 80% | He can be at home
그는 집에 있을 거야 |
| | could | 50% | He could be at home
그는 집에 있을 수도 있어 |

| 가망성 | may | 50% | He may be at home
그는 집에 있을지 몰라 |
| | might | 30% 미만 | He might be at home
그는 집에 있을지도 모르지 |

| 확실성
당위성 | must | 100% | He must be at home
그는 집에 있는게 틀림없어 |
| | should | 80-90% | He should be at home
그는 집에 있을거야 |

| 확실성 | will | 80% | He will be at home
그는 집에 있을거야 |
| | would | 50% | He would be at home
그는 집에 있을 것 같아 |

조동사 would와 could의 비교

would	무언가를 원하지만 불가능한 상황

I would pay for dinner, but I forgot my wallet

저녁을 사고 싶은데, 지갑을 놓고왔지 뭐야..

could	가능하지만 실제 일어나지는 않을 것 같은 상황

I could speak perfect English. If I lived in the U.S

영어를 완벽히 구사할수 있을거야 만약 내가 미국에 산다면 말이지.

조동사는 [서법] 뿐만 아니라 [시제]의 의미도 있기 때문에 분위기와 뉘앙스를 파악해야해.

[cook : 요리하다]를 가지고 서법조동사의 뉘앙스를 파악해보자.

	시제
현재	cook 요리한다
과거	would cook 요리 하곤 했다
미래	will cook 요리 할 것이다

	서법
현재	cook 요리한다
과거	would have cooked 요리 했었을 것이다
미래	would cook 요리 할 것 같아

조동사와 완료시제를 함께 사용하면 과거의 상황, 동작을 나타낼 수도 있어.

서법 조동사 + have p.p	
should have cooked 요리를 [했어야 했는데]	would have cooked 요리를 [했었을 텐데]
might have cooked 요리를 [했었을지도 몰라]	could have cooked 요리를 [할 수 있었을 텐데]
must have cooked 요리를 [했었음에 틀림없어]	

우리말을 적절한 서법 조동사로 표현해 보자

① 나라면 요리할거야.
☐ I must cook
☐ I would cook
☐ I might cook

② 내가 요리해야 해.
☐ I must cook
☐ I would cook
☐ I might cook

③ 내가 요리할지도 몰라
☐ I must cook
☐ I would cook
☐ I might cook

④ 나라면 요리했었을 거야.
☐ I would have cooked
☐ I should have cooked
☐ I must have cooked

⑤ 내가 요리 했어야했는데..
☐ I would have cooked
☐ I should have cooked
☐ I must have cooked

✳ 정답

① I would cook　② I must cook　③ I might cook　④ I would have cooked
⑤ I should have cooked

동사구? 구동사?

우리나라의 문법서에서는 [동사구]와 [구동사]를 비중 있게 구분 짓지는 않지만 주의 깊게 살펴볼 필요가 있어.

동사구(verb phrase)			구동사(phrasal verb)		
I 나는	do love 정말 사랑해	you 너를	I 나는	put off 연기했다	the plan 그 계획을
I 나는	can jump 점프할 수 있다	high 높이	I 나는	gave up 포기했다	the plan 그 계획을
I 나는	am running 달리고 있다	on the beach 해변을	I 나는	pick up 받았다	the phone 전화를
I 나는	have studied 공부해왔다	Enlish 영어를	I 나는	ran away 도망쳤다	

앞서 설명했듯이 [동사구]는 조동사와 동사가 합쳐진 것이야. 하지만 [구동사]는 [동사와 전치사] 혹은 [동사와 부사]가 합쳐진 경우인데 두 단어가 합쳐져 있다해서 **이어동사**라고도 해. 예를 들어볼게.

put의 기본의미는 [놓다]인데 뒤에 전치사, 부사와 결합하여 전혀 다른 의미의 **구동사(이어동사)**가 됐고,

put	+	on	=	입다
put	+	off	=	미루다
put	+	up with	=	견디다

turn의 기본의미는 [돌리다]인데 전치사, 부사와 함께 쓰여 전혀 다른 의미의 **구동사(이어동사)**가 됐어.

turn	+	on	=	켜다
turn	+	off	=	끄다
turn	+	up	=	소리를 키우다

[구동사]는 목적어의 어순에 주의해야 해. 목적어는 구동사 사이에 쓸 수도 있고 그 뒤에도 쓸 수 있지만 **목적어가 대명사인 경우는 반드시 이어동사 사이에 위치시켜야 해.** 단 [동사 + 부사]의 경우에만 한하고 [동사 + 전치사]는 해당되지 않아.

[전치사+명사] VS [구동사]

전치사는 명사의 시간, 방향, 날짜, 장소 등을 나타낼 때 사용되는 단어인데 쉽게 영어버전의 토씨라고 생각하면 돼. 이러한 전치사는 명사와 결합하게 될 경우 구동사와 헷갈릴 수 있기 때문에 주의가 필요해.

전치사 + 명사
나는 자켓을 테이블 위에 놓았다

구동사 [동사+ 부사/전치사]
나는 자켓을 입었다

이처럼 [전치사 +명사]와 [구동사]는 뉘앙스를 파악하지 않으면 쉽게 구분 지어지지 않아. 이 둘을 구분하는 팁을 알려줄게.

[전치사+명사] VS [구동사] 구분 팁

바로 구동사는 상대적으로 수사적(상징적) 표현이 많다는 점이야.

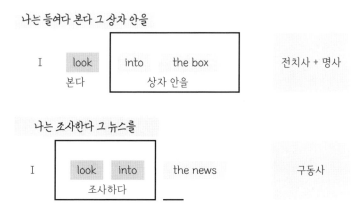

give up 또한 [위로 주다]라는 뜻이 아니라 [포기하다]라는 상징적 의미로 쓰이기 때문에 구동사에 해당된다고 볼수 있지. 우린 **구동사 또한 서술어의 범주**안에 두고 [틀]로 구분짓도록 할게.

정리

결합_3

구   to + 동사

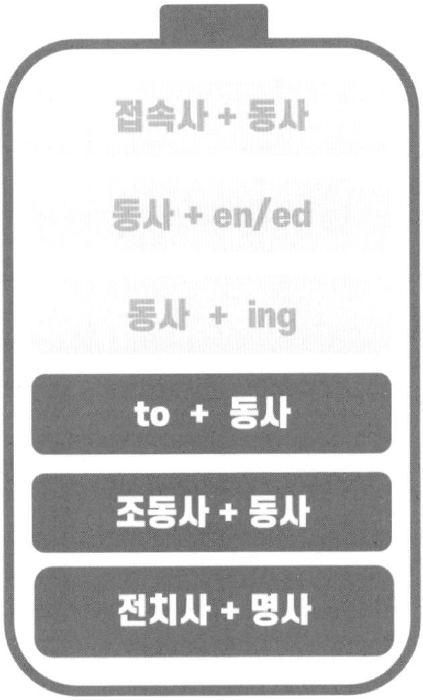

접속사 + 동사

동사 + en/ed

동사 + ing

to + 동사

조동사 + 동사

전치사 + 명사

주, 목, 보, 수식어의 틀	주, 서, 목, 보, 수식어의 틀
명사 결합	동사 결합

주어 / 목적어 / 보어 / 수식어의 틀
to + 동사

[eat: 먹다] 라는 동사와 to를 결합시켜 볼게.
eat이 [to + eat]이 되면 더 이상 동사의 역할을 하지 못하고, 역변성에 의해 명사로는 [먹는 것],
형용사로는 [먹을], 부사로는 [먹기 위해] 등으로 쓰이게 돼.

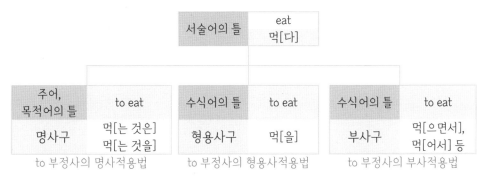

서술어의 틀	eat 먹[다]

주어, 목적어의 틀	to eat	수식어의 틀	to eat	수식어의 틀	to eat
명사구	먹[는 것은] 먹[는 것을]	형용사구	먹[을]	부사구	먹[으면서], 먹[어서] 등

to 부정사의 명사적용법   to 부정사의 형용사적용법   to 부정사의 부사적용법

모두 똑같은 to eat인데 언제, 어느 토씨를 사용해야 할까? 고립어로서의 영어를 이해한
우리는 그저 단어가 나열된 순서에 맞는 적절한 토씨를 사용해주면 돼. 직접 문제를 풀어보자!

?
to eat

☐ 먹[는 것을]
☐ 먹[기 위해]
☐ 먹[을]
☐ 먹[어서]

역변성과 결합성을 생각하며 적절한 토씨를 골라보자!

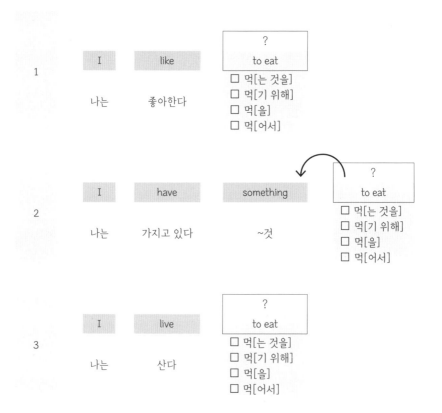

1

| I | like | ？ to eat |
| 나는 | 좋아한다 | ☐ 먹[는 것을]
☐ 먹[기 위해]
☐ 먹[을]
☐ 먹[어서] |

2

| I | have | something | ？ to eat |
| 나는 | 가지고 있다 | ~것 | ☐ 먹[는 것을]
☐ 먹[기 위해]
☐ 먹[을]
☐ 먹[어서] |

3

| I | live | ？ to eat |
| 나는 | 산다 | ☐ 먹[는 것을]
☐ 먹[기 위해]
☐ 먹[을]
☐ 먹[어서] |

1. 토씨정답		2. 토씨정답		3. 토씨정답	
목적어의 틀	to eat	수식어의 틀	to eat	수식어의 틀	to eat
명사구	먹[는 것을]	형용사구	먹[을]	부사구	먹[기위해]

기존의 학습법으로는 to부정사의 명사적용법, 형용사적 용법, 부사적 용법(목적, 감정의 원인, 결과, 이유, 결과)로 나누어 단원별로 하나씩 배워야 하기 때문에 많은 시간이 걸릴 수 밖에 없어. 하지만 <u>우린 그저 역변성과 결합성을 생각하며 문장 성분의 틀에서 기능하는 품사의 역할만을 유념하면 돼.</u>

역변성과 결합성을 생각하며 적절한 토씨를 골라보자!

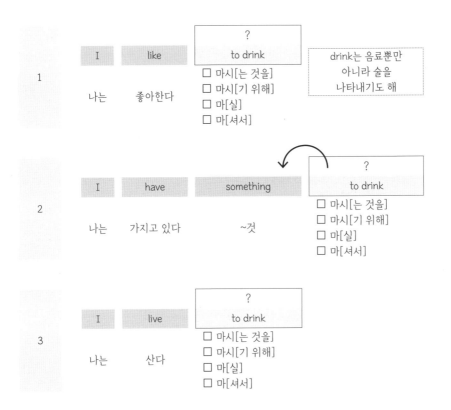

1. 토씨정답		2. 토씨정답		3. 토씨정답	
목적어의 틀	to drink	수식어의 틀	to drink	수식어의 틀	to drink
명사구	마시[는 것을]	형용사구	마[실]	부사구	마시[기 위해]

방향성을 나타내는 to

[to + 명사] VS [to + 동사]

방향성을 나타내는 to는 명사, 혹은 동사와 함께 쓸 수 있어. **명사와 함께 쓰인 to는 전치사**로, **동사와 함께 쓰인 to는 부정사**로 구분 짓는데 우린 그저 역변성에 근거하여 이해하면 돼.

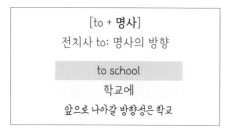

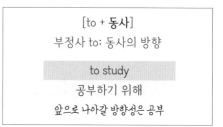

[일, 직장, 일하다]라는 뜻을 모두 지닌 work가 to와 결합하여 어떻게 쓰임이 변화하는지 살펴보자.

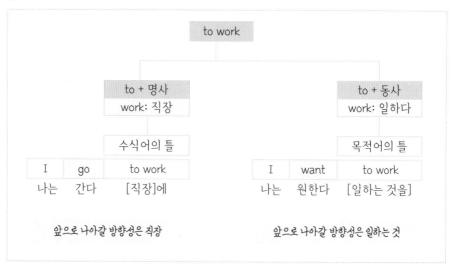

[to + 명사]든 [to + 동사]든 방향성을 나타내는 to의 본질적 의미는 변함이 없고 그저 [틀]에 따라 품사의 역할이 변화할 수 있다는 사실에만 유념하면 돼.

결합_4

| 구 | 동사 + ing |

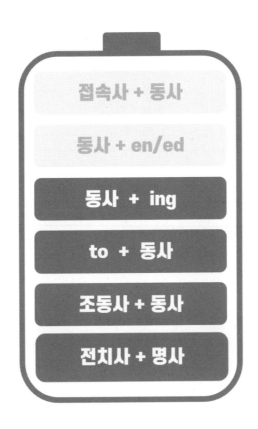

접속사 + 동사

동사 + en/ed

동사 + ing

to + 동사

조동사 + 동사

전치사 + 명사

주어 / 목적어 / 보어 / 수식어의 틀
동사 + ing

[to + 동사]와 [동사 + ing]는 어떤 뉘앙스 차이가 있을까?

[to + 동사] 현재 & 미래의 느낌 아직 하지 않은 일 특별한 일	VS	[동사 + ing] 과거 & 현재의 느낌 이미 한 일 일상적인 일

[to + 동사]와 [동사 + ing]는 서로 비슷해 보여도 본질적인 의미와 뉘앙스가 다르기 때문에 그 차이를 알고 있어야 해. 몇 가지 예문을 들어볼게.

현재 - 미래 (처음 만났을 때) Nice **to meet** you 나이스 하네요 앞으로 **만나갈 것이** 만나서 반가워요	VS	과거 - 현재 (헤어질 때) Nice **meeting** you 나이스 했네요 지금까지 **만났던 것이** 만나서 반가웠어요
미래의 일 (아직 하지 않은 일) I stop **to meet** you 난 멈췄어 너를 **만나기 위해**	VS	과거와 현재의 일 I stop **meeting** you 나는 멈췄어 너를 만나는 것을
특별한 일 I try **to meet** you 난 **노력해** 너를 만나는 것을	VS	특별하지 않은 일 I try **meeting** you 나는 **시도해** 너를 만나는 것을

이렇게 [to + 동사]와 [동사 + ing]의 뉘앙스를 살펴보았는데 어때? 감이 좀 잡히지?

기존 문법서에서는 이러한 **느낌**을 익히기 보다는 그저 시험만을 위한 **주입식 암기를** 강조해. 다음에서 제시하는 것은 문법서에서 흔히 볼 수 있는 표이지만 무작정 암기하지 말고 to부정사와 ing가 가지는 고유한 **느낌**을 떠올려보며 어느 것이 목적어로 쓰이기에 적절한지 고민하며 익혀 보도록 하자 .

❋ [to + 동사]를 목적어로 쓰는 동사

want	원하다	need	필요하다
expect	기대하다	hope	희망하다
refuse	거절하다	pretend	~척하다
decide	결심하다	chose	선택하다

❋ [동사 + ing]를 목적어로 쓰는 동사

enjoy	즐기다	practice	연습하다
mind	꺼리다	avoid	피하다
give up	포기하다	delay	미루다
finish	끝내다	keep	계속-하다

이제는 eat 에 ing를 결합시켜 토씨의 변화를 살펴보자!

모두 똑같은 eating이지만 역변성에 의해 의미와 쓰임이 달라졌지? 직접문제를 풀어보며 익혀볼게.

역변성과 결합성을 생각하며 적절한 토씨를 골라보자!

1

He	likes	? eating	ramen
그는	좋아한다	☐ 먹[는 것을] ☐ 먹[고 있는] ☐ 먹[으면서]	라면을

2

He	is	? eating	ramen
그는	상태다	☐ 먹[는 것을] ☐ 먹[고 있는] ☐ 먹[으면서]	라면을

3

He	smiles	? eating	ramen
그는	웃는다	☐ 먹[는 것을] ☐ 먹[고 있는] ☐ 먹[으면서]	라면을

1. 토씨정답	
목적어의 틀	eating
명사구	먹[는 것을]

2. 토씨정답	
수식어의 틀	eating
형용사구	먹[고 있는]

3. 토씨정답	
수식어의 틀	eating
부사구	먹[으면서]

동사에 ing를 붙이는 형태를 문법서에서 배우려면 동명사, 현재분사, 분사구문으로 구분 짓고 오랜 기간 수 많은 문제를 풀어야 하지만 우린 그저 고립어로서의 영어의 성질만 이해하면 돼.

주, 목, 보, 수식어의 틀
명사 결합

주, 서, 목, 보, 수식어의 틀
동사 결합

	He	likes	? singing	a song
1	그는	좋아한다	☐ 부르[는 것을] ☐ 부르[고 있는] ☐ 부르[면서]	노래를

	He	is	? singing	a song
2	그는	상태다	☐ 부르[는 것을] ☐ 부르[고 있는] ☐ 부르[면서]	노래를

	He	smiles	? singing	a song
3	그는	웃는다	☐ 부르[는 것을] ☐ 부르[고 있는] ☐ 부르[면서]	노래를

1. 토씨정답	
목적어의 틀	singing
명사구	부르[는 것을]

2. 토씨정답	
수식어의 틀	singing
형용사구	부르[고 있는]

3. 토씨정답	
수식어의 틀	singing
부사구	부르[면서]

결합_5

구 동사 + en/ed
[수동태]

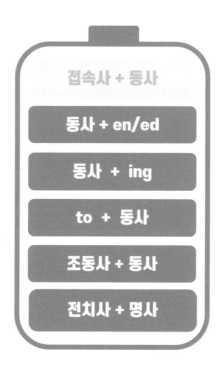

수동: 과거분사[p.p]: past participle
국문법에서는 [피동]이라고 하는데 말이 좀 어렵지?
[피]는 한문으로 [입다, 당하다 (被)]는 의미로 피랍, 피습, 피해에 쓰이는 [피]와 같아.
주체가 직접 무언가를 행하는 것이 아니라 당하는 의미지.

주어 / 목적어 / 보어 / 수식어의 틀
동사 + en/ed
과거분사[p.p]: past participle

[en/ed]는 [to] 나 [ing] 와는 다르게 주체가 능동적으로 행위를 하는게 아니라 무언가에 의해 행위를 당하는 수동적인 느낌이야. 수동의 '수'는 자동(自動)과 수동(手動)의 수(手)가 아니라, 수취(收聚), 수신(受信), 인수(引受)의 수(受)를 의미해. 즉, 무언가를 주는 게 아니라 받는다는 뜻이야.

능동태: (직접) 한다

현재능동			과거능동			현재능동		
I	love	you	I	loved	you	I	am	loving	you
나는	사랑한다	너를	나는	사랑했었다	너를	나는	(상태)다	사랑하는	너를

수동태: (무언가에 의해) 당한다

수동		
I	am	loved	by you
나는	(상태)다	사랑받는	너에 의해

⇨ 난 너에게 사랑받는다

✻ 주의!
과거형과 수동형 모두 ed를 사용하기 때문에 서로 혼동하지 않도록 주의해야 해!

서술어의 틀	love 사랑한[다]

주어, 목적어의 틀	beling loved to be loved	수식어의 틀	loved	수식어의 틀	loved
명사구	사랑[받는다는 것]	형용사구	사랑[받는]	부사구	사랑[받아서]
동명사(to부정사) 수동		과거분사		과거분사	

✻ [수동]은 단독으로 명사의 역할을 할 수가 없어서 명사의 역할이 가능하도록 도와주는 ing나, to가 필요해.

[loved]가 틀에 따라 어떻게 변하는지 확인해보자

1

?
Being loved

□ 사랑[받는다는 것은]
□ 사랑[받아서]
□ 사랑[받으면서]

was
이었다

the best feeling
최고의 기분

2

I
나는

am
상태다

?
loved

□ 사랑[받는]
□ 사랑[받아서]
□ 사랑[받으면서]

3

I
나는

am
상태다

happy
행복한

?
loved

□ 사랑[받는]
□ 사랑[받아서]
□ 사랑[받으면서]

by everyone
모두에 의해

1. 토씨정답	
목적어의 틀	Being loved
명사구	사랑[받는다는 것은]

2. 토씨정답	
수식어의 틀	loved
형용사구	사랑[받는]

3. 토씨정답	
수식어의 틀	loved
부사구	사랑[받아서]

잘못 선택한 ing 와 p.p의 대참사

ing와 p.p를 잘못 사용하면 대참사가 발생할 수도 있어.

화가난 여자친구를 달래주어야하는 남자친구의 이야기를 들어보자.

여자친구가 아끼는 루이xx 가방에 짬뽕을 쏟아버렸어요.

여자친구가 화가 많이 난 것 같아요.

짜증 많이 났구나?

라는 말을 어떻게 하면 좋을까요. 살려주세요.

A	B
You are so annoy**ing**	You are so annoy**ed**

ing는 [~하는, ~하게 하는]의 능동의 의미로 A의 you are annoy**ing**은 [너 진짜 짜증나게 하는구나] 라는 의미야. 반면에 p.p는 [~가 된]의 수동의 의미이기 때문에 B의 you are annoy**ed**는 [너 정말 짜증이 나게 되었구나] 라는 의미로 올바른 답이 되지. 만약 A를 골랐다면?

몇 가지 예시를 더 보며 **ing와 ed의 차이**를 느껴보자.

develop**ing** country	개발**하는** 나라 [개도국]
develop**ed** country	개발**된** 나라 [선진국]

amaz**ing** spider man	놀라게 **하는** 스파이더맨
amaz**ed** spider man	놀라게 **된** 스파이더맨

bor**ing** man	지루하게 **하는** 사람
bor**ed** man	지루하게 **된** 사람

모든 동사가 동사 뒤에 en이나 ed를 붙이면 수동의 형태가 될 수 있는 것은 아니야. 규칙성이 없는 동사들은 따로 외워야하기 때문에 **자주 사용 되는 불규칙 동사 100개**를 부록에 정리해 두었어. 꼭 암기하도록 하자!

결합_6

절　접속사 + 동사

주어 / 목적어 / 보어 / 수식어의 틀

접속사 + 동사 [절]

접속사: [단어와 단어], [문장과 문장]을 연결하는 말

that 편

우린 지금까지 문장 성분의 [틀] 안에서 기능하는 [한 단어]와 [구]에 대해서 살펴보았고 이제부터는 [절]에 대해 알아볼 차례야. [절]을 이해하기 위해 전천후 기능을 하는 [that]으로 예를 들어볼게.

먼저 that은 [한 단어]로 사용 될 때 명사로는 [저것], 형용사로는 [저], 부사로는 [그렇게]로 쓰여.

[한 단어] that

명사			형용사				부사		
That	is	not good	That	car	is	not good!	It is not	that	good
저것	은 좋지 않아!		저	자동차	는 좋지 않아!		아니야	그렇게	좋은건

that이 동사와 결합하여 문장을 연결하는 **접속사**가 될 경우, 명사로는 [~ 한다는 것], 형용사로는 [~하는], 부사로는 [~해서]로 쓰이게 돼.

[절] that

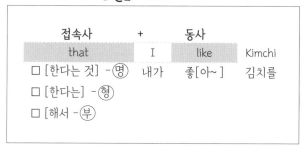

접속사	+	동사	
that	I	like	Kimchi
□ [한다는 것] -(명)	내가	좋[아~]	김치를
□ [한다는] -(형)			
□ [해서 -(부)			

접속사 that의 토씨를 골라볼까?

주어의 틀 - ㈅사절

That I like Kimchi　　　is true

☐ 내가 김치를 좋[아한다는 것은]
☐ 내가 김치를 좋[아한다는]　　　사실이다
☐ 내가 김치를 좋[아해서]

수식어의 틀 - ㈐용사절

The rumor　**that I like Kimchi**　is true

☐ 내가 김치를 좋[아한다는 것은]
소문　☐ 내가 김치를 좋[아한다는]　　　사실이다
☐ 내가 김치를 좋[아해서]

수식어의 틀 -㈑사절

He is surprised　**that I like Kimchi**

☐ 내가 김치를 좋[아한다는 것은]
그는 놀랐다　☐ 내가 김치를 좋[아한다는]
☐ 내가 김치를 좋[아해서]

어렵지 않게 정답을 골랐을거야. 문법서에서는 [명사절 접속사], [동격의 접속사],
[부사절 접속사]로 나누어 각각의 역할을 따로 배워야 하지만 우린 그저 영어의
역변성과 결합성으로만 이해하면 돼!

접속사가 있는 문장 읽는 법

주어의 토씨는 [-가]로 읽는다. (이중주어 73쪽)
서술어를 접속사와 함께 읽는다.

자주 사용되는 접속사는 부록에서 정리해둘테니 익혀두도록 하자!

주어 / 목적어 / 보어 / 수식어의 틀
접속사 + 동사 [절]

-의문사 한 단어 편-

영어의 의문사는 총 9개가 있어.

언제	어디서	왜	어떻게
When	Where	Why	How

누[가]	누구[를]	누구[의]	무엇?	어느 것?
Who	Whom	Whose	What	Which

이 9가지의 의문사는 [한 단어]로서 명사, 형용사, 부사의 역할을 할 수도 있고, 결합성에 의해 [동사와 결합]할 경우 [절]로서 명사, 형용사, 부사의 역할을 할 수도 있어.

먼저 [한 단어]로 쓰인 의문사를 살펴보도록 하자.

의문사의 명사 역변

9개의 의문사 중 명사의 역할을 하는 의문사는 5가지야.

What	Which	Who
Whose	Whom	Why
When	Where	How

What	Which	Who	Whose	Whom

명
What is it?
무엇 이야?

명
Which is it?
어느것 이야?

명
Who is it?
누구 야?

명
Whose is it?
누구의것 이야?

명
Whom do you like?
누구를 좋아해?

✱ 한글을 보고 영어로 바꿔 말해보자!

무엇 이야?	어느것 이야?	누구 야?	누구의것 이야?	누구를 좋아해?
?	?	?	?	?

의문사의 형용사 역변

형용사의 역할을 하는 의문사는 3가지!

What	Which	Who
Whose	Whom	Why
When	Where	How

명사 역할을 하던 의문사가 형용사로 역변하는 것을 확인해보자!

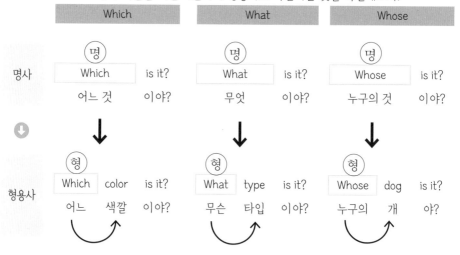

	Which	What	Whose
명사	(명) Which　is it? 어느 것　이야?	(명) What　is it? 무엇　이야?	(명) Whose　is it? 누구의 것　이야?
	↓	↓	↓
형용사	(형) Which color　is it? 어느　색깔　이야?	(형) What type　is it? 무슨　타입　이야?	(형) Whose dog　is it? 누구의　개　야?

✱ 한글을 보고 영어로 바꿔 말해보자!

어느　색깔이야?　　무슨　타입이야?　　누구의　개야?

　　　?　　　　　　　　?　　　　　　　　?

의문사의 부사 역변

부사의 역할을 하는 의문사는 4가지!

(부사: 시간, 방향, 거리, 장소, 날짜 방법 등을 나타내는 품사)

What	Which	Who
Whose	Whom	Why
When	Where	How

Why	When	Where	How

(부)	(부)	(부)	(부)
Why is it?	When is it?	Where is it?	How is it?
왜 야?	언제 야?	어디 야?	어떻게 / 어째서 / 얼마나 야?

지금까지 독립적인 의미로 사용된 의문사가 각각의 품사로 역변하는 경우를 살펴보았어.

이제부터는 의문사가 [동사와 결합]하여 **접속사의 역할**을 하는 경우를 살펴볼게.

주어 / 목적어 / 보어 / 수식어의 틀
접속사 + 동사 [절]

-의문사의 절과 구 편-

9가지의 의문사가 동사와 결합하여 접속사의 기능을 하는 경우를 알아볼 차례야. 이때 의문사가
활용된 문장을 두가지 기준으로 나누어 살펴보려 해.
첫 번째는 화자의 말에 ① 의문점이 있는 경우, 두 번째는 화자의 말에 ② 의문점이 없는 경우야.

① 의문점이 있는 경우		② 의문점이 없는 경우
[한 단어] 직접 의문문	[절] 간접 의문문	[절] 접속사
키가 몇이야?	키가 몇인지 궁금해.	명사 ➡ 동사 ~ 한 것
		형용사 ➡ 동사 ~ 한
		부사 ➡ 동사 ~ 해서 등

먼저 ① 의문점이 있는 경우부터 알아보자.

주어, 목적어, 보어, 수식어의 틀
직접의문문과 간접의문문   what

What	Which	Who
Whose	Whom	Why
When	Where	How

화자가 무언가에 확신이 없거나, 궁금한 점이 있을 때 그것을 직접적으로 표현할 수도 있고 간접적으로 표현할 수도 있어. 이것을 각각 **직접의문문**과 **간접의문문**이라고 해.

직접 의문문

한 단어	
What	do you like?
무엇	을 좋아해?

간접 의문문

주어	동사	목적어 [절]
I	wonder	what you like

난 궁금해 한다 너가 무엇을 좋아하는지[를]

직접 의문문

한 단어	
What color	do you like?
무슨 색깔	을 좋아해?

간접 의문문

주어	동사	목적어 [절]
I	wonder	what color you like

난 궁금해 한다 너가 무슨 색깔을 좋아하는지[를]

직접 의문문에서의 의문사 what은 [한 단어]로 그 역할을 하고 있고 **간접 의문문**에서의 what은 [목적어의 틀] 안에서 동사와 결합한 [절]로 쓰였어. 토씨는 목적어이기에 [를]을 붙여 읽으면 돼. 어순이 [의문사 + 주어 + 동사]로 바뀐 것 또한 주의하자.

주어 / 목적어 / 보어 / 수식어의 틀

직접의문문과 간접의문문　which

What	Which	Who
Whose	Whom	Why
When	Where	How

직접 의문문		간접 의문문		
		주어	동사	목적어 [절]

한 단어

Which	do you like?
어느 것	을 좋아해?

주어	동사	목적어 [절]
I	wonder	which you like

난 궁금해 한다 너가 어느 것을 좋아하는지[를]

한 단어

Which	color	do you like?
어느 색깔		을 좋아해?

주어	동사	목적어 [절]
I	wonder	which color you like

난 궁금해 한다 너가 어느 색깔을 좋아하는지[를]

직접의문문에서는 [한 단어]로 쓰인 which가 간접의문문에서는 [목적어의 틀] 안에서
동사와 [결합]한 [절]의 형태로 쓰였어.

❋ 어순이 [의문사 + 주어 + 동사]로 바뀐 것에 주의하기!

주어 / 목적어 / 보어 / 수식어의 틀

직접의문문과 간접의문문   who, whose, whom

What	Which	Who
Whose	Whom	Why
When	Where	How

직접 의문문   ### 간접 의문문

한 단어

Who	is it?
누구	야?

주어	동사	목적어 [절]
I	wonder	who it is
난 궁금해 한다		누구 인지[를]

한 단어

Whose	is it?
누구의 것	이야?

주어	동사	목적어 [절]
I	wonder	whose it is
난 궁금해 한다		누구의 것 인지[를]

한 단어

Whose	dog	is it?
누구의	개	이야?

주어	동사	목적어 [절]
I	wonder	whose dog it is
난 궁금해 한다		누구의 개 인지[를]

한 단어

Whom	do you like?
누구를	너는 좋아해?

주어	동사	목적어 [절]
I	wonder	whom you like
난 궁금해 한다		너가 좋아하는게 누구인지[를]

직접의문문에서는 [한 단어]로 쓰인 who, whose, whom이 간접의문문에서는 [목적어의 틀]
안에서 동사와 [결합]한 [절]의 형태로 쓰였어.

❋ 어순이 [의문사 + 주어 + 동사]로 바뀐 것에 주의하기!

주어, 목적어, 보어, 수식어의 틀

직접의문문과 간접의문문　　why, when, where

What	Which	Who
Whose	Whom	Why
When	Where	How

직접 의문문	간접 의문문

한 단어			주어	동사	목적어 [절]
When	is it?		I	wonder	when it is
언제야?			난	궁금해 한다	어떤지[를]

한 단어			주어	동사	목적어 [절]
Where	is it?		I	wonder	where it is
어디야?			난	궁금해 한다	어디인지[를]

한 단어			주어	동사	목적어 [절]
Why	is it?		I	wonder	why it is
왜?			난	궁금해 한다	왜 인지[를]

직접의문문에서는 [한 단어]로 쓰인 when, where, why가 간접의문문에서는 [목적어의 틀] 안에서 동사와 [결합]한 [절]의 형태로 쓰였어.

❋ 어순이 [의문사 + 주어 + 동사]로 바뀐 것에 주의하기!

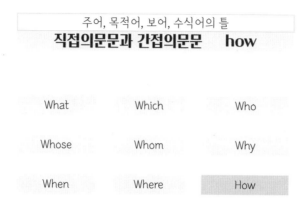

주어, 목적어, 보어, 수식어의 틀

직접의문문과 간접의문문　　how

What	Which	Who
Whose	Whom	Why
When	Where	How

직접 의문문	간접 의문문

한 단어

How		is it?

어때?

주어	동사	목적어 [절]
I	wonder	how it is
난	궁금해 한다	그것이 어떤지[를]

한 단어

How	tall	is it?

얼마나 커?

주어	동사	목적어 [절]
I	wonder	how tall it is
난	궁금해 한다	그것이 얼마나 큰지[를]

직접의문문에서는 [한 단어]로 쓰인 how가 간접의문문에서는 [목적어의 틀] 안에서 동사와 [결합]한 [절]의 형태로 쓰였어.

❋ 어순이 [의문사 + 주어 + 동사]로 바뀐 것에 주의하기!

주어, 목적어, 보어, 수식어의 틀
접속사 + 동사 [절]

접속사로 쓰인 의문사편

간접 의문문을 모두 살펴보았으니 이제부터는 접속사의 역할을 하는 의문사를 살펴볼 차례야.
이때는 의문사가 [의문]의 역할을 버리고 문장을 [연결]시켜주는 접속사의 역할을 해.

① 의문점이 있는 경우

직접 의문문　　간접 의문문 [결합]

키가 몇이야?　키가 몇인지 궁금해.

② 의문점이 없는 경우

접속사 [결합]

명사 역할　➡　~ 한 것
형용사 역할　➡　~ 한
부사 역할　➡　~ 해서 등

주어, 목적어, 보어, 수식어의 틀
접속사로 쓰인 의문사

[when you left] 라는 문장을 통해 동사와 결합한 의문사가 어떻게 접속사의 역할을 하는지 알아보려고 해. 변화하는 토씨에 주의를 기울여 보자.

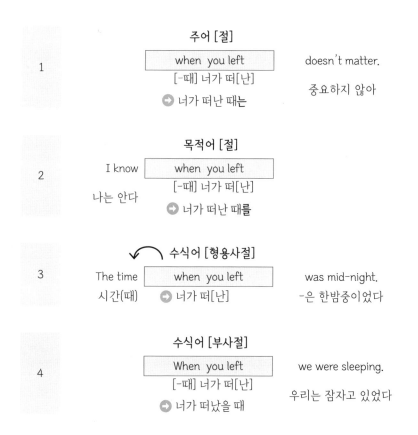

주어 [절]

1

| when you left |
[-때] 너가 떠[난]
➡ 너가 떠난 때는

doesn't matter.

중요하지 않아

목적어 [절]

2

I know | when you left |
나는 안다   [-때] 너가 떠[난]
➡ 너가 떠난 때를

수식어 [형용사절]

3

The time | when you left |
시간(때)   ➡ 너가 떠[난]

was mid-night.
-은 한밤중이었다

수식어 [부사절]

4

| When you left |
[-때] 너가 떠[난]
➡ 너가 떠났을 때

we were sleeping.

우리는 잠자고 있었다

when이 [언제]라는 [의문]을 버리고 [때]라는 [연결]의 의미로 사용되었어. 물론 [언제]라는 말로도 사용할 수 있지만 의문점이 있는 [간접의문문]과 구분하기 위해 [때]를 넣어 이해하도록 하자. 이제 나머지 의문사를 살펴볼게.

수식어의 틀

접속사로 쓰인 의문사

명사(선행사)　수식어 [형용사절]

the reason	(why) you left	is unknown.
이유	너가 떠난	은 알려져있지 않다
the way	(how) you left	is unknown.
방법	너가 떠난	은 알려져있지 않다
the place	(where) you left	is unknown.
장소	너가 떠난	은 알려져있지 않다
the time	(when) you left	is unknown.
시간(때)	너가 떠난	은 알려져있지 않다
the man	(who) you left	is unknown.
사람	너 떠난	은 알려져있지 않다
the thing	(which) you left	is unknown.
사물	너가 떠난	은 알려져있지 않다

수식어 [부사절]

When you left,	I was not there
너가 떠났을 때,	나는 거기에 없었다.

① 접속사로 활용된 의문사는 앞에 위치한 명사를 꾸며주는 역할을 하는데 그 명사를 [**선행사**] 라고 불러.

② 이렇게 쓰인 의문사는 때에 따라 [**생략**]하거나 [**that**]으로 바꿀 수도 있어.

③ the way랑 how는 둘이 같이 쓰면 상당히 어색한 느낌이 들기 때문에 <u>동시에 쓰지 않도록 주의</u>해야 해.

④ when은 부사의 역할을 하는 접속사로도 쓰일 수 있어. 자주 사용되는 **부사의 접속사**는 부록에 정리해 둘게.

주어의 틀
접속사로 쓰인 의문사

접속사 앞에 있는 명사, 즉 **선행사를 생략**할 경우 [형용사절] 역할을 하던 문장이 [명사의 역할]을
하는 문장으로 역할이 변할 수도 있어.

선행사 생략	주어 [절]	
~~the reason~~ ~~이유~~	Why you left 너가 떠난 이유는	is unknown. 알려져있지 않다
~~the way~~ ~~방법~~	How you left 너가 떠난 방법은	is unknown. 알려져있지 않다
~~the place~~ ~~장소~~	Where you left 너가 떠난 장소는	is unknown. 알려져있지 않다
~~the time~~ ~~시간~~	When you left 너가 떠난 시간은	is unknown. 알려져있지 않다
~~the man~~ ~~사람~~	Who you left 너가 떠난 사람은	is unknown. 알려져있지 않다
~~the thing~~ ~~사물~~	Which you left 너가 떠난 사물은	is unknown. 알려져있지 않다

목적어의 틀
접속사로 쓰인 의문사

목적어의 틀 안에 쓰인 접속사의 토씨는 [을/를]을 사용해야 해.

목적어 [절]

I know　　　　why you left
나는 안다　　　너가 떠난 이유를

I know　　　　how you left
나는 안다　　　너가 떠난 방법를

I know　　　　where you left
나는 안다　　　너가 떠난 장소를

I know　　　　when you left
나는 안다　　　너가 떠난 시간를

I know　　　　who you left
나는 안다　　　너가 떠난 사람을

I know　　　　which you left
나는 안다　　　너가 떠난 사물을

보어의 틀
접속사로 쓰인 의문사

보어 [절]

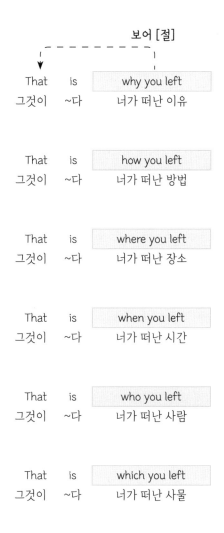

That	is	why you left
그것이	~다	너가 떠난 이유

That	is	how you left
그것이	~다	너가 떠난 방법

That	is	where you left
그것이	~다	너가 떠난 장소

That	is	when you left
그것이	~다	너가 떠난 시간

That	is	who you left
그것이	~다	너가 떠난 사람

That	is	which you left
그것이	~다	너가 떠난 사물

주어 / 목적어 / 보어 / 수식어의 틀
접속사 that 과 what 비교

살펴보지 않은 의문사가 하나 있어. 바로 what!
what은 형용사의 기능을 하지 못하고 명사의 기능만 하기 때문에 앞에 위치하는 명사, 즉
선행사와 함께 쓸 수 없어.

		[절]
I know	X	what you left
나는 안다		너가 떠난 것을

주의해야 할 점은 앞서 살펴본 접속사 that 또한 명사의 역할이 있기 때문에 둘의 차이를
구분해야 해. [I love : 나는 사랑한다] 라는 문장 앞에 **that**과 **what**을 넣어 비교해 볼게.

[that] I love	[what] I love
내가 사랑한다는 것	내가 사랑하는 것
[그 자체]	[그 무엇]

이처럼 that은 [~한다는 것], what은 [~인 것]으로 의미상의 차이가 있어.
문장 안에 넣어볼까?

	보어 [절]			보어 [절]
The point is	that I love		The point is	what I love
핵심은	내가 사랑한다는 것이다		핵심은	내가 사랑하는 것이다
	(그 자체)			(그 무엇)

주, 목, 보, 수식어의 틀	주, 서, 목, 보, 수식어의 틀
명사 결합	동사 결합

 ## 명사의 역할을 하는 that과 what의 의미를 생각하며 올바른 것을 골라보자

① 나는 [너가 본 것을] 알아.　　　그 무엇　　　I know　　☐ what you saw
　　　　　　　　　　　　　　　　　　　　　　　　　　　☐ that you saw

② 나는 [너가 일을 한다는 것을] 알아　　그 자체　　　I know　　☐ what you work
　　　　　　　　　　　　　　　　　　　　　　　　　　　☐ that you work

③ [내가 말한 것은] 비밀이야.　　　그 무엇　　☐ What I said　　is a secret
　　　　　　　　　　　　　　　　　　　　　☐ That I said

④ [그는 나에게 사랑한다고] 말했다.　　그 자체　　He told me　☐ that he loves me
　　　　　　　　　　　　　　　　　　　　　　　　　　　☐ what he loves

⑤ [그는 나에게 좋아하는 것을] 말했다.　그 무엇　　He told me　☐ that he loves me
　　　　　　　　　　　　　　　　　　　　　　　　　　　☐ what he loves

✱ 정답

① I know what you saw　② I know that you work　③ What I said is a secret
④ He told me that he loves me　⑤ He told me what he loves

의문사 접속사가 [절]이 아닌 [구]로도 사용될 수 있다?

의문사 + to부정사

[의문사가 should]와 함께 사용된 문장은 [의문사와 to부정사]를 합쳐 [구]로도 만들 수 있어.

		명사[절]		명사[구]
I 나는	know 안다	when you should leave 너가 언제 떠나야 하는지를 (시간)	➡	when to leave 언제 떠나야 하는지
I 나는	know 안다	how you should leave 너가 어떻게 떠나야 하는지를 (방법)	➡	how to leave 어떻게 떠나야 하는지
I 나는	know 안다	where you should leave 너가 어디를 떠나야 하는지를 (장소)	➡	where to leave 어디로 떠나야 하는지
I 나는	know 안다	what you should leave 너가 무엇을 떠나야 하는지를 (자체)	➡	what to leave 무엇을 떠나야 하는지
I 나는	know 안다	who you should leave with 너가 누구와 떠나야 하는지를 (사람)	➡	who to leave with 누구와 떠나야 하는지
I 나는	know 안다	which you should leave 너가 어느 것을 떠나야 하는지를 (사물)	➡	which to leave 어느 것을 떠나야 하는지

주, 목, 보, 수식어의 틀	주, 서, 목, 보, 수식어의 틀
명사 결합	동사 결합

목적어 / 수식어의 틀
역변성으로 알아보는 접속사 if

[만약 ~ 라면] 이라는 뜻의 [if]는 흔히 [부사의 역할]을 하는 접속사로만 알고 있지만, 역변성에 의해 [명사의 역할]을 하게 될 경우에는 [~인지, ~하는지] 의 의미로 쓰이게 돼.

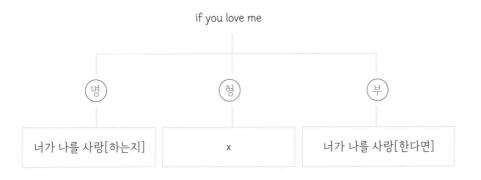

if you love me

명	형	부
너가 나를 사랑[하는지]	x	너가 나를 사랑[한다면]

문장 안에 넣어볼까?

if가 명사의 역할을 하는 경우는 whether 라는 접속사로 대신 할 수도 있어.
I don't know [if, whether] you love me

목적어 [한 단어]

I don't know | you
난 모르겠어 | 너를

↓

목적어 [절]

I don't know | if you love me
난 모르겠어 | 너가 나를 사랑[하는 지를]

수식어 [한 단어]

Marry me | today
결혼해줘 | 오늘

↓

수식어 [절]

Marry me | if you love me
결혼해줘 | 나를 사랑[한다면]

6

제 6배열

실전

5배열 심화

5배열 (준)동사 목적어 보어

우리는 지금까지 다섯가지의 문장성분의 [틀]안에 [한 단어], [구], [절]이 위치하는 규칙에 대해 알아보았어. 이제부터는 배운 내용을 바탕으로 심화 5배열과 6배열을 배워볼 거야.

심화 5배열은 [보어의 틀]에 [to + 동사]를 쓸 수 있는지, 없는지를 기준으로 나누었어.

보어에 to 부정사를
사용할 수 **없는** 동사?
① 사역동사
② 지각동사

보어에 to 부정사를
사용할 수 **있는** 동사?
① 사역동사와 지각동사를 제외한 동사
② 명령, 요구, 제안, 요청의 동사

먼저 보어에 to 부정사를 사용할 수 **없는** 동사부터 알아보도록 하자!

	목적어	보어
I make	him	to study?? study??
	그가	공부하는 것을

	목적어	보어
I want	him	to study?? study??
	그가	공부하는 것을

보어에 **to 부정사**를
사용할 수 **없는** 동사
사역동사   지각동사

5배열 (준)동사 목적어 보어

보어에 **to부정사를 사용할 수 없는** 대표적인 동사는 **사역동사와 지각동사**가 있어. 먼저
사역동사부터 알아보자. 사역(使役)동사란 남을 시켜 일을 부린다는 뜻으로 make, have,
let이 대표적인 동사야. 보어의 토씨는 부사의 토씨 [-게]로 읽어야 해. ★★ ★★★

①번 문장은 3배열 문장이야. [목적어의 틀]에 [that he studies]라는 [명사절]이 위치했어.
②번 문장은 5배열 문장이야. 목적어의 토씨는 이중주어로 토씨[-가]를 사용하기로 했던 것
기억나지? [보어의 틀]에는 동사의 기본형(원형)이 쓰여. 각종 시험에도 자주 출제되니 **to를**
사용하지 않도록 주의하자!

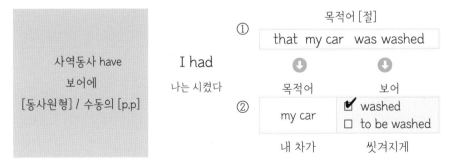

차가 스스로 씻는게 아니라 누군가에 의해 씻겨지는 것이기 때문에 **능동의 동사원형**을 쓸 수
없고 **수동의 p.p형**이 쓰였어. **수동형일지라도 to를 사용하지 않도록 주의하자!**

① 엘사의 Let it go는 우리말로 "다 잊어"로 번역되어 있어.
'머릿속에 있는 그것이 떠나가게 두어라, 다 잊어라!' 라는 5배열 문장이지.

② Let it be는 7080 세대가 즐기던 비틀즈의 명곡이야.
be동사는 [있다]라는 의미도 있기 때문에 직역을 하자면 [그것을 있는 그대로 둬] 라는 뜻이
돼. 가사를 우리말로 옮기자면 렛잇~비~ [그대로~둬~] 렛잇~ 비~ [그대로~둬~]

③ Let's go의 줄임말이 바로 Let us go야. 이 또한 5배열 문장이야.
물론 두 문장은 서로 다른 의미로 사용돼.
Let's go는 모두 알다시피 "가자!" Let us go는 "우리를 가게 해주세요!."

④ Let me go는 '(붙잡고 있는) 나를 이제 그만 가게 해줘. 놓아줘.' 라는 의미의 5배열 문장이야.

준사역동사 help
보어에 [to]를 사용해도 되고, 사용하지 않아도 되는 동사

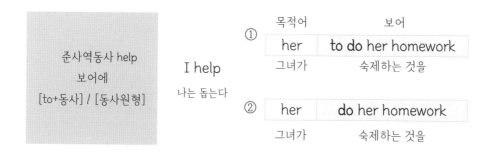

		목적어	보어
I help	①	her	**to do** her homework
나는 돕는다		그녀가	숙제하는 것을
	②	her	**do** her homework
		그녀가	숙제하는 것을

문법상으로는 ①번처럼 [보어의 틀]에 **to부정사**를 사용해도 되고, ②번처럼 **동사** 원형을 사용해도 돼. 하지만 뉘앙스적으로는 차이가 있어. ②처럼 동사의 원형을 사용할 경우 직접적이며 전적인 도움을 주는 느낌이 있어. 하지만 ①처럼 to부정사를 사용할 경우 곁에서 간접적으로 도와주는 느낌이 있지. 그럼 "너네 엄마가 숙제 다 해줬지?"는 [to do]를 써야할까 [do]를 써야할까? 미묘한 뉘앙스의 차이이기 때문에 많은 예문을 접하며 체화해야 해.

사역동사	목적어의 토씨	보어 토씨
make, have, let	-가/-를	-게
준사역동사 help	-가	-을/-게

보어에 to 부정사를
사용할 수 없는 동사?

사역동사　지각동사

5배열　(준)동사　목적어　보어

지각동사는 55쪽에서 살펴본 감각동사의 역변으로 see, watch, hear, feel, taste 등이 있어.
보어에는 [to]를 제외한 [동사원형], [ing], [en/ed]만 쓸 수 있는데 to는 **미래로 나아가는 방향성**,
즉 **앞으로 할 일**을 나타내기 때문이야. 102쪽, 114쪽을 참고해 보도록 해.

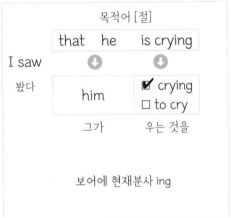

❋ 토씨에 유의하며 문장을 읽어보자!

I	see	you	dance(ing)
나는	본다	너가	노래부르는 것을

I	hear	a dog	bark(ing)
나는	듣는다	강아지가	짖는 것을

I	feel	something	touched
나는	느낀다	무언가가	닿이는 것을

보어에 to 부정사를
사용할 수 없는 동사?

사역동사
지각동사

보어에 to 부정사를
사용할 수 있는 동사?

사역동사와 지각동사를 제외한 동사
명령, 요구, 제안, 요청의 동사

이제는 보어에 to부정사를 사용할 수 있는 동사들에 대해 알아볼 차례야.
토씨는 보통 [을/를]을 사용하지만 보어의 특성상 부사의 토씨 [라고]를 쓰기도 해. ★★ ★★★

목적어 [절]

① that you are happy

I want
나는 원한다

목적어   보어

② you   ☑ to be happy
         ☐ be happy
         ☐ being happy

너가   행복하기를

① that she will be angry

I expect
나는 예상한다

② her   ☑ to be angry
         ☐ be angry
         ☐ being angry

그녀가   화가 날 것이라고

① that 'she plays games

I allow
나는 해준다

② her   ☑ to play games
         ☐ playing games
         ☐ play games

너가   행복하기를

보어에 to 부정사를
사용할 수 **없**는 동사?

사역동사
지각동사

보어에 to 부정사를
사용할 수 **있**는 동사?
사역동사와 지각동사를 제외한 동사
명령, 요구, 제안, 요청의 동사

명령, 요구, 제안, 요청의 의미를 지닌 동사는 목적어의 토씨는 [에게]를 사용하고, 보어의 토씨는 부사의 토씨 [-라고]를 사용해. (155쪽 참고)

I proposed	목적어	보어
나는 프로포즈했다	her	to be my girlfriend
	그녀에게	나의 여자친구가 되어달라고

5배열 보어에 to가 위치하는 과정을 살펴보도록 하자!

			목적어 [절]	
3배열	①	I tell	people should be quite	
		나는 말한다	사람들이 조용히 해야한다고	

			목적어	목적어 [절]
4배열	②	I tell	people	they should be quite
		나는 말한다	사람들에게	그들이 조용히 해야한다고

			목적어	**보어**
5배열	③	I tell	people	**to** be quite
		나는 말한다	사람들에게	조용히 하라고

①번은 3배열로 [목적어의 틀]에 접속사 that이 동사와 결합하여 명사절을 이끌고 있어. 이렇게 접속사 that이 목적어의 역할을 하게 될 경우 **that을 생략**하는 경우가 많기 때문에 주의가 필요해.

②번은 4배열로 직접목적어 자리에 that이 생략된 명사절이 왔어.

③번은 5배열로 보어에 [to + 동사원형]이 쓰였어.

I tell 뒤에 공통적으로 people이 위치했지만 모두 각기 다른 배열로 사용된 것을 확인할 수 있었어. 그간 학습한 규칙과 배열을 잘 적용해야겠지?!

여기서 잠깐! 토씨 [-라고]의 정체

토씨 [-라고]는 [목적어]나 [보어]에 위치하는 토씨로, 주로 생각과 관련된 사유동사(思惟)나, 인식동사, 의사전달동사와 함께 쓰여. 부사의 토씨이지만 명사의 자리에 위치하지. ★★ ★★★

명사절

I think   that he is a liar

나는 생각한다   그는 거짓말쟁이[라고]

사유동사(思惟): believe, consider, imagine, expect, guess, suppose, say, think

명사절

I remember   that he is a liar

나는 기억한다   그는 거짓말쟁이[라고]

인식동사: know, agree, remember, feel, understand

명사절

I said   that he is a liar

나는 말했다   그는 거짓말쟁이[라고]

의사전달동사: tell, say, report

명령, 요구, 제안, 요청의 동사
ask: 묻다, 요청하다

			목적어 [절]	
3배열	①	I asked 나는 물어봤다	what I should do 내가 무엇을 해야하는지를	

			목적어	목적어 [절]
4배열	②	I asked 나는 물어봤다	him 그에게	what I should do 내가 무엇을 해야하는지

			목적어	보어 [절]
5배열	③	I asked 나는 요청했다	him 그에게	to do my homework. 내 숙제를 해달라고

ask는 3배열과 4배열에서는 [물어보다], 5배열에서는 [요청하다, 요구하다]라는 의미로 사용돼.

명령, 요구, 제안, 요청의 동사
advice: 충고하다

			목적어 [절]	
3배열	①	I advice 나는 충고한다	that students (should) study hard 너는 공부를 열심히 해야한다고	

			목적어	목적어 [절]
4배열	②	I advice 나는 충고한다	him 그에게	that students (should) study hard 학생들은 공부를 열심히 해야한다고

			목적어	보어
5배열	③	I advice 나는 충고한다	him 그에게	to study hard 공부를 열심히 하라고

recommend: 충고하다

			목적어 [절]	
3뱌열	①	I recommend 나는 추천한다	that you (should) go to abroad. 너는 공부를 열심히 해야한다고	

			목적어	목적어 [절]	
4배열	②	I recommend 나는 추천한다	you 너에게	that you (should) go 너는 해외로 가야한다고	to abroad.

			목적어	보어	
5배열	③	I recommend 나는 추천한다	you 너가	to go 해외로 가야한다고	to abroad.

명령, 요구, 제안, 요청 동사에 (should)가 사용된 문장을 보았을거야. 이렇게 사용된 should는 생략하고 쓸 수도 있다는 점도 기억해둬!

⊛ 대표적인 주장, 요구, 명령, 제안, 요청 동사들

주장하다:	insist, urge
요구하다:	ask, request, demand
명령하다:	command, order
제안하다:	suggest, propose
명령하다:	command, order

헷갈리는 4배열 / 5배열 토씨 구분법

4배열	주어	서술어	목적어	목적어

5배열	주어	서술어	목적어	보어

4배열의 [목적어]와 5배열의 [목적어]는 모두 생물이 위치하기 때문에 배열을 구분짓는 것이
헷갈릴 수 있어. 토씨 또한 비슷하기 때문에 이들을 구분하는 명확한 규칙을 제시해줄게.

[?] 배열

I	told	you	the truth
내가	말했다	너에게	진실을

I	told	you	that you told the truth
내가	말했다	너에게	너는 진실을 말했다는 것을

[?] 배열

I	told	you	to tell the truth
내가	말했다	너가(에게)	진실을 말하라고

I	told	you	that you (should) tell the truth
내가	말했다	너가(에게)	너가 진실을 말해야한다는 것을

규칙은 간단해. 4배열은 [단순 정보 전달], 5배열은 [지시, 요구 사항 전달]! 이 규칙에
유의하며 위 예문의 배열을 다시 구분해 보자.

5배열 토씨정리

		목적어 토씨	보어 토씨
to를 안쓰는 동사	사역동사	-가	-게
	지각동사	-가	-을/를
to를 쓰는 동사	주장, 명령, 요구, 제안의 동사	-에게	-라고
	나머지동사	-가	-을/를, -라고

앞서 살펴보았던 예문들을 떠올리며 5배열으로 문장을 만들어보자!

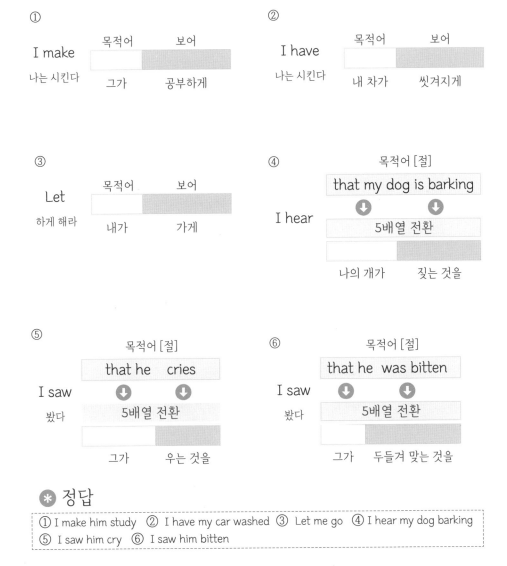

①

I make ＿＿＿＿＿＿＿＿＿＿＿

목적어	보어

나는 시킨다 　그가　공부하게

②

I have ＿＿＿＿＿＿＿＿＿＿＿

목적어	보어

나는 시킨다 　내 차가　씻겨지게

③

Let ＿＿＿＿＿＿＿＿＿＿＿

목적어	보어

하게 해라 　내가　가게

④

목적어 [절]

that my dog is barking

⬇　⬇

I hear

5배열 전환

나의 개가　짖는 것을

⑤

목적어 [절]

that he　cries

⬇　⬇

I saw

5배열 전환

봤다

그가　우는 것을

⑥

목적어 [절]

that he　was bitten

⬇　⬇

I saw

5배열 전환

봤다

그가　두들겨 맞는 것을

✱ **정답**

① I make him study　② I have my car washed　③ Let me go　④ I hear my dog barking
⑤ I saw him cry　⑥ I saw him bitten

보어에 to 부정사를
사용할 수 있는 동사?

사역동사와 지각동사를 제외한 동사

①

목적어 [절]

that you are happy

I want

나는 원한다

⬇

5배열 전환

너가　　　　　행복하기를

②

목적어 [절]

that she will be angry

I expect

나는 예상한다

⬇

5배열 전환

그녀가　　　화가 날 것이라고

③

목적어 [절]

that you play games

I allow

나는 허락한다

⬇

5배열 전환

너가　　　　게임하는 것을

✳ 정답

① I want you to be happy　② I expect her to be angry　③ I allow you to play games

보어에 to 부정사를
사용할 수 있는 동사?
주장, 명령, 요구, 제안의 동사

① tell

	I tell 나는 말한다	목적어	목적어 [절]
4배열		people 사람들에게	that they should be quite 그들이 조용히 해야한다고

⬇️
5배열 전환

	I tell 나는 말한다		
5배열			사람들에게 조용히 하라고

② advice

	I advice 나는 충고한다	목적어 [절]
3배열		that students (should) study hard 학생들은 공부를 열심히 해야한다고

⬇️
5배열 전환

	I advice 나는 충고한다		
5배열		학생들에게 공부를 열심히 해야한다고

✳ 정답

① I tell people to be quite ② I advice students to study hard

5배열 공식에 맞추어 보어의 올바른 형태를 선택해보자

① 사역동사 make

3 배열
I made robots 내가 로봇을 만들었다

+

1 배열
Robots fight 로봇들이 싸운다.

5 배열			
주어	동사	목적어	보어
내가	만들었다	로봇들이	싸우게
I	made	robots	☐ fight ☐ to fight ☐ fighting ☐ fighten

② 사역동사 have

3 배열
I had my dog 나는 나의 강아지를 시켰다

+

2 배열
My dog was neutered 나의 강아지는 중성화된다

5 배열			
주어	동사	목적어	보어
내가	시켰다	나의 강아지가	중성화되게
I	had	my dog	☐ neuter ☐ to neuter ☐ neutered ☐ to neuter

③지각동사 see

3 배열
I saw Men
나는 남자들을 보았다

+

1 배열
Men dance
나의 강아지는 중성화된다

5 배열			
주어	동사	목적어	보어
내가	보았다	남자들이	춤추는 것을
			☐ dance
			☐ to dance
I	saw	men	☐ danced
			☐ dancing

④ 보어에 to를 사용하는 동사 allow

3 배열
I allow you
나는 너를 허락한다

+

3 배열
you play games
너는 게임을 한다

5 배열			
주어	동사	목적어	보어
나는	허락한다	너가	게임을 하는 것을
			☐ play game
			☐ to play game
I	allow	you	☐ playing game
			☐ played game

✴ 정답

① I made robots fight　② I had my dog neutered　③ I saw men dance (dancing)
④ I allow you to play games

6배열

도치구문		
수식어 / 보어 / 목적어	주어	동사

용어부터 괜스레 거부감이 드는 도치는 어순이 확립되기 훨씬 이전, 고대영어의 잔재이기도 해. 규칙도 까다로워서 각종 시험에도 자주 출제되는 성가신 녀석이야. 사전적 의미부터 살펴볼게.

도치(倒置)
정상적인 어순에서 강조하려는 대상을 문장 앞으로 위치시키는 것

너를 **사랑해**　—도치→　**사랑해** 너를

하지만 걱정할 필요없어. 우리는 이미 도치구문에 익숙하다는 사실! 바로 궁금한 무언가를 물어보기 위해 사용하는 의문문이 대표적인 6배열 도치구문에 해당 돼. 우리는 그저 강조하려는 것을 문장 앞으로 보내어 문장 성분의 [틀]이 어떻게 변화하는지에만 초점을 맞추면 돼. 먼저 가장 많이 사용되는 감탄문 도치부터 살펴본 후, 보어의 도치, 목적어의 도치, 부사어구의 도치, 부정어구의 도치 순으로 알아볼게.

① 감탄문의 도치
② 보어의 도치
③ 목적어의 도치
④ 부사구의 도치
⑤ 부정어구의 도치

6배열

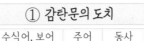

① 감탄문의 도치

| 수식어, 보어 | 주어 | 동사 |

[꼬마가 빠르게 뛰어간다] 라는 평서문을 감탄문으로 바꾸어 보면 ①**꼬마의 빠른 상태를 감탄**하는 문장과 ②**꼬마 자체를 감탄**하는 문장으로 나타낼 수 있는데 영어와 우리말 모두 **의문사를 활용**하여 감탄문을 만든다는 공통점이 있어.

평서문

| 꼬마가 | 빠르게 | 뛰어갔다 |

| 꼬마 강조 | 꼬마의 상태 강조 |

감탄!

무슨 → 꼬마가 그렇게 빠르니

감탄!

어찌나 → 빠르게 꼬마가 뛰던지

평서문에서 감탄문으로 바뀐 문장을 살펴보자.

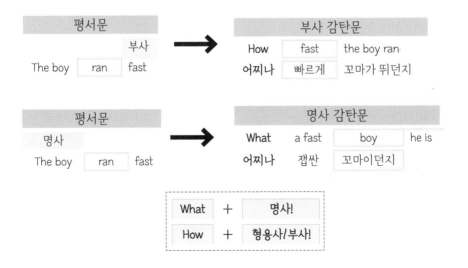

평서문

부사

The boy | ran | fast

➡ **부사 감탄문**

How | fast | the boy ran

어찌나 | 빠르게 | 꼬마가 뛰던지

평서문

명사

The boy | ran | fast

➡ **명사 감탄문**

What | a fast | boy | he is

어찌나 | 잽싼 | 꼬마이던지

| What | + | 명사! |
| How | + | 형용사/부사! |

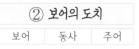

6배열

보어가 앞으로 도치되면 주어와 동사의 위치를 바꾸어야 해.

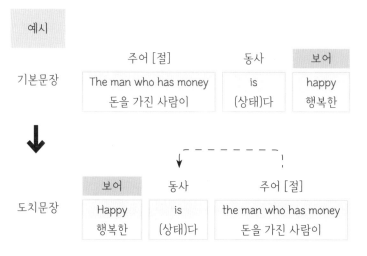

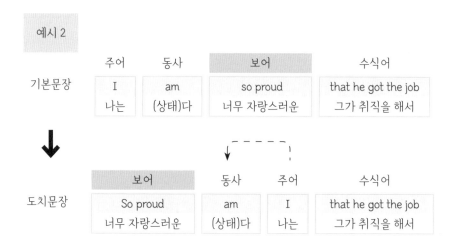

6배열 ③ **목적어의 도치**

| 목적어 | 주어 | 동사 |

보통 도치가 되면 주어와 동사의 위치가 바뀌게 되지만 목적어 도치의 경우는 주어와 서술어의 위치를 바꾸지 않는다는 점에 유의해야 해.

예시 1

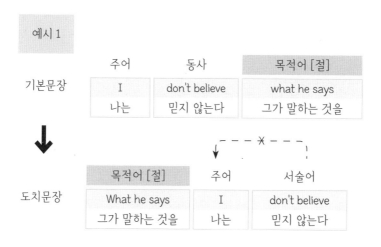

예시 2

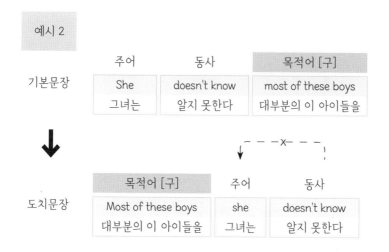

6배열　④ 부사구의 도치

부사구	동사	주어

수식어의 틀에 위치하는 장소, 방향, 위치 등의 부사구가 도치될 때에는 주어와 서술어의 어순을 바꾸어야 해. 다만 주어가 대명사일 경우에는 주어와 동사의 위치를 바꾸지 않아. Here you are처럼.

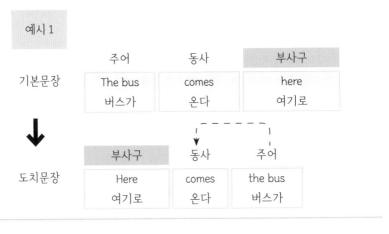

예시 1

기본문장

주어	동사	부사구
The bus 버스가	comes 온다	here 여기로

↓

도치문장

부사구	동사	주어
Here 여기로	comes 온다	the bus 버스가

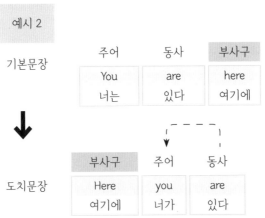

예시 2

기본문장

주어	동사	부사구
You 너는	are 있다	here 여기에

↓

도치문장

부사구	주어	동사
Here 여기에	you 너가	are 있다

Here you are는 관용어로서 물건을 건네줄 때 '여기 있어요'라는 말로 쓰이지만 직역으로 표시해 두었어. you는 대명사이기 때문에 앞서 설명했듯이 주어, 동사의 위치를 바꾸지 않았어.

6배열

시험 문제에 자주 출제 되는 '부정어구 도치'는 do가 활용되는 [의문문 어순]으로 도치해야 해.
특이한 점은 only 또한 부정어구로 분류되는데 "~겨우 ~가 되어서야" 라는 부정의 의미를 내포하고
있기 때문이야. 다만 혼자 움직이지는 못하고 [구]나 [절]이 함께 해야 한다는 사실을 기억해두자!

❋ 대표적인 부정어구의 종류

never, little, hardly, seldom, scarcely, not until, nowhere, rarely, neither, not only, few, nor

실전편 맛보기
용언과 준동사

지금까지 영어라는 에베레스트를 등정하기 위해 쏟아부은 노력과 열정에 박수를 보내.

마지막으로,
학습한 모든 내용을 실전에 적용하는 법을 배우며
길었던 우리의 여정에 마침표를 찍도록 할게.

You are amazing!

용언과 준동사

지금까지 배운 내용을 실전편에 적용하기에 앞서 준동사에 대한 개념 정리가 필요해. 준동사를 이해하기 위해 우리말 문법 [용언의 활용]에 대해 잠시 이야기 해볼게. 용언이란 독립된 의미를 지니는 서술어로서 동사가 이에 해당 돼. 예를들어 [공부하다]라는 동사의 어미를 [공부하는], [공부할], [공부해서], [공부하여] 등으로 바꾸게 될 경우 용언이 활용되었다고 해.

모르[네] 모르[나] 모르[데] 모르[지] 모르[더라] 모르[리라] 모르[는구나] 모르[잖아] 모르[려나] 모르[니] 모르[면] 모르[면서] 모르[거나] 모르[거는] 모르[는데] 모르[지만] 모르[더라도] 모르[다가도] 모르[기조차] 모르[기까지] 모르[기를] 모르[기는] 모르[기도] 모르[기만] 모르기[조차] 모르[는] 모르[던] 모른] 모른다] 모른[다면] 모르[겠고] 모르[겠으나] 모르[겠으면 모르[겠으면서] 모르[겠거나] 모르[겠거든] 모르[겠는데] 모르[겠지만] 모르[겠더라도] 모르[겠다가 도] 모르[겠던] 몰랐[겠더라도] 모르[겠더라면] 몰랐[겠더라도] 모르[겠던] 몰랐[을까] 모르[겠다면] 도] 몰랐[던] 몰랐[다면] 모를[까] 몰랐[는데] 모를[지도] 모를[수록] 몰나] 몰라[서] 몰라[야] 몰라[요] 몰랐[으리라] 몰랐[구나] 몰랐[잖고] 몰랐[으나] 몰랐[으면] 몰랐[으면서] 몰랐[어] 몰랐[다만] 몰랐[어도] 몰랐[어야] 몰랐[겠다] 몰랐[더라면] 몰랐[겠네] 몰랐[겠지] 몰랐[겠더라] 몰랐[겠구나] 몰랐[겠니] 몰랐[겠고] 몰랐[겠으나] 몰랐[겠으면] 몰랐[겠거나] 몰랐

모르[겠습니다만]..?

한편 영어는 우리말과는 달리 토씨를 사용하지 않기 때문에 [용언의 활용]이 제한적일 수밖에 없어. 하지만 이와 대응하는 개념이 존재하는데 그것이 바로 준동사야. 준동사는 이미 우리가 학습한 [to+동사, 동사ing, 동사의p.p형, 접속사+동사]를 지칭하는 말이야.

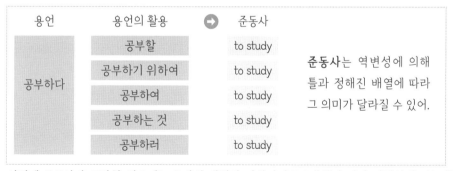

용언	용언의 활용	→	준동사
공부하다	공부할		to study
	공부하기 위하여		to study
	공부하여		to study
	공부하는 것		to study
	공부하러		to study

준동사는 역변성에 의해 틀과 정해진 배열에 따라 그 의미가 달라질 수 있어.

이렇게 준동사가 등장할 경우에는 동사의 배열과 마찬가지로 6배열이 다시 시작하게 되는데 배열의 재시작을 의미하는 표식 ↻ 을 해둘테니까 우리말 토씨와 정해진 배열에 알맞게 문장을 만들어 가 보자.

배열의 기준	서술어의 틀	주, 목, 보, 수식어의 틀
동사, 준동사	동사	준동사

[동사]로 이루어진 6배열이야. make로 예를 들어 볼게.

동사	훈민영음 제 6배열		※ 역변성이 적용된 6배열 예시
1) 1배열	동사	Make for the gate	☐ **가라** 게이트로
2) 2배열	동사 + 보어	Make a good teacher	☐ **되어라** 좋은 선생님이
3) 3배열	동사 + 목적어	Make a robot	☐ **만들어라** 로봇을
4) 4배열	동사 + 목적어 + 목적어	Make him a robot	☐ **만들어주어라** 그에게 로봇을
5) 5배열	동사 + 목적어 + 보어	Make him study	☐ **시켜라** 그에게 공부를
6) 6배열	[수/목/보] + 주어 + 동사	Never will I make it	☐ 절대 **해낼** 수 없을 것이다 그것을

[준동사]의 6배열이야. to로 예를 들어 볼게.

준동사	훈민영음 제 6배열		※ 역변성이 적용된 6배열 예시
1) 1배열	준동사	to make for the gate	☐ **가는 것** 게이트로 ☐ **가는** 게이트로 ☐ **가기 위해** 게이트로
2) 2배열	준동사 + 보어	to make a good teacher	☐ **되는 것** 좋은 선생님이 ☐ **되는** 좋은 선생님이 ☐ **되기위해** 좋은 선생님이
3) 3배열	준동사 + 목적어	to make a robot	☐ **만드는 것** 로봇을 ☐ **만드는** 로봇을 ☐ **만들기위해** 로봇을
4) 4배열	준동사 + 목적어 + 목적어	to make him a robot	☐ **만들어 주는 것** 그에게 로봇을 ☐ **만들어 주는** 그에게 로봇을 ☐ **만들어 주기위해** 그에게 로봇을
5) 5배열	준동사 + 목적어 + 보어	to make him study	☐ **시키는 것** 그에게 공부를 ☐ **시키는** 그에게 공부를 ☐ **시키기위해** 그에게 공부를
6) 6배열	[수/목/보] + 주어 + 동사	Never will I make it	☐ 절대 **해낼** 수 없을 것이다 그것을

	동사	준동사
배열의 기준	서술어의 틀	주, 목, 보, 수식어의 틀

1배열 (준)동사

	①	수식어
Time	to **make**	for the gate
시간	향할	문으로

2배열 (준)동사 + 보어

	②	보어
Time	to **make**	a good leader
시간	될	좋을 리더가

3배열 (준)동사 + 목적어

	③	보어
Time	to **make**	a robot
시간	만들	로봇을

4배열 (준)동사 + 목적어 + 목적어

	④	목적어	목적어
Time	to **make**	him	cookie
시간	만들어 줄	그에게	쿠키를

5배열 (준)동사 + 목적어 + 보어

	⑤	목적어	보어
Time	to **make**	my parents	happy
시간	만들	나의 부모님을	행복하게

훈민영음 제 6배열 기준

* 주어와 수식어는 배열의 핵심요소에 포함되지않는다.
* 역변성에 근거하여 틀에 따라 단어의 의미가 달라질 수 있다.
* 동사와 준동사는 위 아래를 번갈아가며 제 6배열을 나열해 간다.
* 준동사는 동사에서 파생되는 [to부정사, 동명사, 분사]에 해당되지만 국문법상 용언의 활용이 적용되는 [접속사+동사]또한 준동사의 범주로 포함시킨다.

The rabbit and the turtle had a race.

	③	목적어
The rabbit and the turtle	had	a race
토끼와 거북이는	가졌다	경기를

The rabbit ran to beat him.

	①	수식어	
The rabbit	ran	to beat	him
		③	목적어
토끼는	뛰었다	이기기 위해	그를

The turtle continued to move slowly.

	③	목적어	
The turtle	continued	to move	slowly
		①	수식어
거북이는	계속했다	움직이는 것을	천천히

While the rabbit was sleeping, he passed the rabbit.

수식어	주어	③	목적어
While the rabbit was sleeping,	he	passed	the rabbit
①			
토끼가 자고 있는 동안	그는	지나쳤다	토끼를

동사와 준동사를 기준으로 직접 6배열을 나열해보자

The rabbit and the turtle had a race.

The rabbit and the turtle	had	a race
토끼와 거북이는	가졌다	경기를

The rabbit ran to beat him.

The rabbit	ran	to beat	him
토끼는	뛰었다	이기 위해	그를

The turtle continued to move slowly.

The turtle	continued	to move	slowly
거북이는	계속했다	움직이는 것을	천천히

While the rabbit was sleeping, he passed the rabbit.

While the rabbit was sleeping,	he	passed	the rabbit
토끼가 자고 있는 동안	그는	지나쳤다	토끼를

훈민영음 실전편은 온라인 클래스에서 만나도록 하자! 😀

훈민영음 요약서

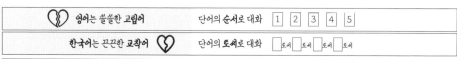

♡ 영어는 쓸쓸한 고립어	단어의 순서로 대화	☐1 ☐2 ☐3 ☐4 ☐5
한국어는 끈끈한 교착어 ♡	단어의 **토씨**로 대화	토씨☐ 토씨☐ 토씨☐ 토씨☐

문장의 다섯가지 성분 [틀]

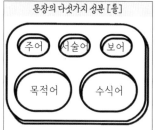

주어 / 서술어 / 보어 / 목적어 / 수식어

[틀]안에서 기능하는 4가지 품사

상위 개념	하위 개념
[주어의 틀]	- 명사
[서술어의 틀]	- 동사
[보어의 틀]	- 명사, 형용사
[목적어의 틀]	- 명사
[수식어의 틀]	- 형용사, 부사

* 다만 역변성에 의해 [틀]에 따라
서로의 품사가 바뀔 수 있음

역변성

국수가 식판 왼쪽에 담기면 밥, 오른
쪽에 담기면 국으로 인식되는 것처
럼 영어는 [틀]에 따라 품사의 역할
이 변하는 성질, 즉 역변성을 지님

dream car 형 my dream 명 I dream 동

틀의 구성요소

시계를 움직이는 톱니바퀴

한 단어	구	절
⚙	⚙⚙	⚙⚙⚙

한 단어

| It | is good |

구

| Drinking milk | is good |

절

| That I drink milk | is good |

결합성 [구와 절]

결합성 [구와 절]	명사 역할	형용사 역할	부사 역할
전치사 + 명사 [구]	inside you 내면의 너[는],[들] 전치사의 명사적 용법	inside you 내면의 너[의] 전치사의 형용사적 용법	inside you 내면의 너[에게서] 전치사의 부사적 용법
to + 동사 [구]	to eat 먹[는 것] to부정사의 명사적 용법	to eat 먹[을] to부정사의 형용사적 용법	to eat 먹[기 위해] to부정사의 부사적 용법
동사 + ing [구]	eating 먹[는 것] 동명사	eating 먹[는] 현재분사	eating 먹[으면서] 분사구문
동사 + en/ed [구]	X	eaten 먹[힌] 과거분사	eaten 먹[혀서] 분사구문
접속사 + (주어)+동사 [절]	that I eat 내가 먹[는다는것] 명사절 접속사	that I eat 내가 먹[는 다는] 형용사절 접속사	that I eat 내가 먹[어서] 부사절 접속사

문장 성분 [틀]

절 — 명사절 형용사절 부사절
구 — 명사구 동사구 형용사구 부사구
한 단어 — 명사 동사 형용사 부사

훈민영음 제 6 배열

1배열: (준)동사
2배열: (준)동사 + 보어
3배열: (준)동사 + 목적어
4배열: (준)동사 + 목적어 + 목적어
5배열: (준)동사 + 목적어 + 보어
6배열: 기존 배열이 무너진 독특한 배열

* 주어와 수식어는 포함되지 않음

각각의 [틀]에 알맞은 토씨 넣기

명사의 토씨	
-은, 는, 이, 가, 을, 를, 것	

형용사의 토씨	부사의 토씨
-의, 받침 ㄴ,ㄹ	나머지 토씨

동사의 토씨	
-다	

꼭 암기해야 할

알짜배기

부록

[암기] 자주 사용되는 접속사

때	when ~할 때	as ~할 때, ~하면서	until ~까지	while ~동안	since ~이후로
	before ~전에	after ~후에	as soon as ~하자마자		
조건	if ~한다면	unless ~하지 않는다면	as long as ~하는 한	in case ~인 경우에 대비하여	
양보	because ~때문에	as ~이므로	since ~이므로		
이유	although ~에도 불구하고	though ~에도 불구하고	even though ~에도 불구하고	even if 설령~한다 해도	as ~이지만
대조	while ~반면에				

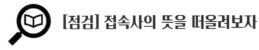

[점검] 접속사의 뜻을 떠올려보자

때	when	as	until	while	since
	before	after	as soon as		
조건	if	unless	as long as	in case	
양보	because	as	since		
이유	although	though	even though	even if	as
대조	while				

[암기] 자주 사용되는 전치사와 그 느낌

전치사	뜻	느낌
about	~에 대한, 대략	주변, 주위, 전체적인 느낌
above	위에	특정한 기준선보다 위에 있는 느낌
across	가로 질러, 가로로	건너서 지나가는 느낌
after	뒤에, 후에	시간이나 순서상 뒤에 있는 느낌
against	~에 반대하여, ~에 붙여	무언가에 대항하는 느낌
along	~ 를 따라서	도로나 길 따위를 끼고 가는 느낌
among	사이에	셋 이상 사이에 있는 느낌
around	주위에	주변, 주위에 있는 느낌
as	~로서	신분, 자격, 기능을 설명하는 느낌
at	~에	과녁 정중앙을 가리키는 느낌
before	전에	시간이나 물체의 앞에 있는 느낌
behind	뒤에	진행되는 것이 뒤처진 느낌
below	아래에, 밑에	특정한 기준선보다 아래에 있는 느낌
beside	옆에	무언가의 옆에 있는 느낌
between	사이에	둘 사이에 있는 느낌
beyond	건너편에, 그 너머에	무언가를 넘어서는 느낌
by	옆에, 까지, 의해서	특정한 기준 옆에 있는 느낌
down	~의 아래쪽으로	아래로 내려가는 느낌
during	~하는 동안	어떤 기간 도중의 느낌
except	~를 제외하고	무엇을 제외하는 느낌
for	~를 위해, ~을 향하여	대상, 목적의 느낌
from	~로 부터	시작점의 느낌
in	안에	공간 안에 있는 느낌
into	안쪽에	무언가의 안쪽으로 들어가는 느낌
like	~와 같은, ~처럼	비슷한 속성을 나타내는 느낌
near	가까운	물리적 혹은 심리적으로 가까운 느낌

of	~의	대상을 나타내는 느낌
off	~로 떨어져	접지된 것이 떨어져있는 느낌
on	위에	무언가가 접지되어 있는 느낌
onto	~ 쪽으로	접지된 체로 이동하는 느낌
over	위에	위로 넘어가는 느낌
past	지나서	시간상 과거의 느낌
since	~이후	시간상 그 이후로 계속 진행되는 느낌
through	~를 통해	무엇을 통과하는 느낌
throughout	도처에	여기저기 모두 있는 느낌
to	~로	어딘가로 향해 가는 느낌
toward	~ 쪽으로	운동성이 있는 이동의 느낌
under	아래에	무언가를 덮고 있는 느낌
until	~까지	끝나기까지 계속하는 느낌
up	위에	위로 올라가는 느낌
with	~와 함께, ~을 가지고 있는	무언가가 서로 조화를 이루고 있는 느낌
within	~내에	시간이나 거리가 초과되지 않는 느낌
without	~ 없이, ~하지 않고	무엇을 가지거나, 경험하지 않은 느낌

[점검] 전치사의 뜻을 떠올려보자

about	as	beside	in	Over	until
above	at	between	into	past	up
across	before	by	like	since	with
after	behind	down	near	through	within
against	below	during	of	throughout	
along	beside	except	off	to	
among	with	for	on	toward	
around	within	from	onto	under	

[암기] 자주 사용되는 불규칙 동사 100개

	뜻	현 재	과 거	과거분사(p.p)
1	일어나다	arise	arose	arisen
2	~이다/~되다/~있다	be동사-am, is	was	been
3	~이다/~되다/~있다	be동사-are	were	been
4	낳다/참다	bear	bore	born
5	~되다	become	became	become
6	시작하다	begin	began	begun
7	묶다	bind	bound	bound
8	물다	bite	bit	bit
9	불다	blow	blew	blown
10	부수다/깨뜨리다	break	broke	broken
11	가져오다	bring	brought	brought
12	짓다/건설하다	build	built	built
13	사다	buy	bought	bought
14	~할 수 있다	[조동사] can	could	X
15	던지다	cast	cast	cast
16	잡다	catch	caught	caught
17	선택하다	choose	chose	chosen
18	오다	come	came	come
19	비용이 들다	cost	cost	cost
20	베다/자르다	cut	cut	cut
21	파다	dig	dug	dug
22	~을 하다	do	did	done
23	끌다/그리다	draw	drew	drawn
24	마시다	drink	drank	drunk
25	운전하다	drive	drove	driven
26	먹다	eat	ate	eaten
27	떨어지다	fall	fell	fallen
28	느끼다	feel	felt	felt
29	싸우다	fight	fought	fought
30	발견하다	find	found	found

31	날다	fly	flew	flown
32	잊어버리다	forget	forgot	forgotten
33	용서하다	forgive	forgave	forgiven
34	얼다	freeze	froze	frozen
35	얻다/사다	get	got	got/gotten
36	주다	give	gave	given
37	가다	go	went	gone
38	자라다	grow	grew	grown
39	매달다/걸다	hang	hung	hung
40	가지다	have/has	had	had
41	듣다	hear	heard	heard
42	숨다	hide	hid	hid/hidden
43	때리다/치다	hit	hit	hit
44	붙잡다	hold	held	held
45	다치다	hurt	hurt	hurt
46	지키다/간직하다	keep	kept	kept
47	알다	know	knew	known
48	놓다	lay	laid	laid
49	이끌다/지도하다	lead	led	led
50	떠나다/남겨두다	leave	left	left
51	빌리다	lend	lent	lent
52	시키다	let	let	let
53	눕다	lie	lay	lain
54	지다/잃다	lose	lost	lost
55	만들다	make	made	made
56	~해도좋다/ ~일지도모른다	[조동사] may	might	X
57	~을 의미하다	mean	meant	meant
58	만나다	meet	met	met
59	실수하다	mistake	mistook	mistaken
60	지불하다	pay	paid	paid
61	두다/놓다/넣다	put	put	put

62	읽다	read	read	read
63	타다	ride	rode	ridden
64	울리다	ring	rang	rung
65	오르다	rise	rose	risen
66	달리다	run	ran	run
67	말하다	say	said	said
68	보다	see	saw	seen
69	찾다/추구하다	seek	sought	sought
70	팔다	sell	sold	sold
71	보내다	send	sent	sent
72	놓아두다/차리다	set	set	set
73	흔들다	shake	shook	shaken
74	~일 것이다	[조동사] shall	should	X
75	빛나다	shine	shone	shone
76	쏘다	shoot	shot	shot
77	보여주다	show	showed	showed/shown
78	닫다	shut	shut	shut
79	노래하다	sing	sang	sung
80	가라앉다/침몰하다	sink	sank	sunk
81	앉다	sit	sat	sat
82	잠자다	sleep	slept	slept
83	냄새가 나다	smell	smelt	smelt
84	말하다	speak	spoke	spoken
85	소비하다	spend	spent	spent
86	일어서다	stand	stood	stood
87	훔치다	steal	stole	stolen
88	치다	strike	struck	struck
89	헤엄치다	swim	swam	swum
90	가지다/취하다	take	took	taken
91	가르치다	teach	taught	taught
92	찢다/눈물흘리다	tear	tore	torn
93	말하다	tell	told	told

94	생각하다	think	thought	thought
95	던지다	throw	threw	thrown
96	이해하다	understand	understood	understood
97	입다	wear	wore	worn
98	~일 것이다	[조동사] will	would	X
99	이기다	win	won	won
100	쓰다	write	wrote	written

 ## [점검] 우리말을 보고 불규칙 동사를 떠올려보자

일어나다	(땅을)파다	듣다	두다/놓다/넣다	앉다
낳다/참다	~을 하다	숨다	읽다	잠자다
~되다	끌다/그리다	때리다/치다	(자전거등을)타다	냄새가 나다
시작하다	마시다	붙잡다	(벨이) 울리다	말하다
묶다	운전하다	다치다	오르다	소비하다
물다	먹다	지키다/간직하다	달리다	일어서다
불다	떨어지다	알다	말하다	훔치다
부수다/깨뜨리다	느끼다	(알 등을) 놓다	보다	치다
가져오다	싸우다	이끌다/지도하다	찾다/추구하다	헤엄치다
짓다/건설하다	발견하다	떠나다/남겨두다	팔다	가지다/취하다
사다	날다	빌리다	보내다	가르치다
~할 수 있다	잊어버리다	시키다	놓아두다/차리다	눈물흘리다
던지다	용서하다	눕다	흔들다	말하다
잡다	얼다	지다/잃다	~일 것이다	생각하다
선택하다	얻다/사다	만들다	빛나다	던지다
오다	주다	쓰다	쏘다	이해하다
비용이 들다	가다	~을 의미하다	보여주다	입다
베다/자르다	자라다	만나다	닫다	~일 것이다
지불하다	가라앉다/침몰하다	실수하다	노래하다	이기다

단어에 접사를 붙여 품사에 변화주기

동사와 결합하여 명사를 만드는 파생접사

-age : postage, coverage 등
post 편지를 보내다 + age = postage 우편요금
cover 씌우다, 덮다 + age = coverage 범위

-al : arrival, denial 등
arrive 도착하다 + al = arrival 도착
deny 거부하다 + al = denial 거부

-ant : servant, attendant 등
serve 제공하다 + ant = servant 하인
attend 참석하다 + ant = attendant 참석

-ance/-ence : clearance, assistance 등
clear 치우다 + ance = clearance 정리
assist 돕다 + ance = assistance 도움

-ion : suggestion, decision 등
suggest 제안하다 + ion = suggestion 제안
decide 결정하다 + ion = decision 결정

-ation : exploration, fixation 등
explore 탐험하다 + ation = exploration 탐험
fix 고정시키다 + ation = fixation 고정

-ment : arrangement, amazement 등
arrange 마련하다 + ment = arrangement 마련
amaze 놀라게 하다 + ment = amazement 놀라움

-er : singer, teacher 등
sing 노래하다 + er = singer 가수
teach 가르치다 + er = teacher 선생님

형용사와 결합하여 명사를 만드는 파생접사

-ism : idealism, modernism 등
ideal 이상적인 + ism = idealism 이상주의
modern 현대의 + ism = modernism 현대주의

-ness : hap.piness, ugliness 등
happy 행복한 + ness = happiness 행복
ugly 못생긴 + ness = ugliness 추함

-ist : activist, loyalist 등
active 활동적인 + ist = activist 활동가
loyal 충성스러운 + ist = loyalist충신

-ity : (in) sanity, diversity 등
sane 제정신인 + ity = sanity 제정신
diverse 다양한 + ity = diversity 다양성

-dom : freedom, wisdom 등
free 자유로운 + dom = freedom 자유
wise 지혜로운 + dom = wisdom 지혜

명사와 결합하여 동사를 만드는 파생접사

-ate : vaccinate, hyphenate 등
vaccine 백신 + ate = vaccinate 예방 주사를 맞히다

-ize : symbolize, memorize 등
symbol 상징 + ize = symbolize 상징하다
memory 기억 + ize = memorize 암기하다

-fy : beautify, glorify 등
beauty 아름다움 + fy = beautify 아름답게 하다
glory 영광 + fy = glorify 찬미하다

형용사와 결합하여 동사를 만드는 파생접사

-en : soften, harden 등
soft 부드러운 + en = soften 부드럽게 하다
hard 단단한 + en = harden 굳다

-ify : simplify, purify 등
simple 간단한 + ify = simplify 간소화하다
pure 순수한 + ify = purify 정화하다

-ize : nationalize, legalize 등
national 국가의 + ize = nationalize 국영화하다
legal 합법적인 + ize = legalize 합법화하다

명사와 결합하여 형용사를 만드는 파생접사

-al : ideal, accidental 등
idea 발상 + al = ideal 이상적인
accident 사고 + al = accidental 우연한

-ate : fortunate, passionate 등
fortune 운 + ate = fortunate 운 좋은
passion 열정 + ate = passionate 열정적인

-en : golden, wooden 등
gold 금 + en = golden 금으로 만든
wood 목재 + en = wooden 나무로 된

-ful : healthful, wonderful 등
health 건강 + ful = healthful 건강에 좋은
wonder 경이 + ful = wonderful 경이로운

-ish : boyish, selfish 등
boy 소년 + ish = boyish 소년 같은
self 자신 + ish = selfish 이기적인

-less : careless, lifeless 등
care 조심 + less = careless 부주의한
life 삶 + less = lifeless 생명이 없는

-like : childlike, godlike 등
child 아이 + like = childlike 아이 같은
god 신 + like = godlike 신과 같은

-ly : friendly, lovely 등
friend 친구 + ly = friendly 친절한
love 사랑 + ly = lovely 사랑스러운

-ous : glorious, furious 등
glory 영광 + ous = glorious 영광스러운
fury 분노 + ous = furious 몹시 화가 난

-y : cloudy, healthy 등
cloud 구름 + y = cloudy 구름이 낀
health 건강 + y = healthy 건강한

동사와 결합하여 형용사를 만드는 파생접사

-able : readable, speakable 등
read 읽다 + able = readable 읽기 쉬운
speak 말하다 + albe = speakable 이야기하기에 알맞은

-ive : creative, active 등
create 창조하다 + ive = creative 창의적인
act 행동하다 + ive = active 활동적인

형용사와 결합하여 부사를 만드는 파생접사

-ly : exactly, strangely, oddly 등
exact 정확한 + ly = exactly 정확하게
strange 이상한 + ly = strangely 이상하게
odd 이상한 + ly = oddly 이상하게

자동사로 착각하기 쉬운 타동사

왠지 전치사를 사용해야할 것 같은 유혹이 드는 동사의 종류

about [x]	mention (언급하다) discuss (의논하다) answer (대답하다) consider (고려하다)
to [x]	approach (접근하다) reach (도달하다) address (연설하다) answer (대답하다) attack (공격하다) telephone (전화하다) call (전화하다) greet (인사하다, 환영하다) oppose (반대하다)
with [x]	resemble (닮다) accompany (동반하다) marry (결혼하다) contact (연락하다) comprise (구성되다)
for [x]	await (기다리다)
in [x]	survive (살아남다) avoid (피하다) escape (달아나다, 벗어나다) inhabit (~에 살다)
into [x]	enter (들어가다) enter (들어가다)
from [x]	survive (살아남다) avoid (피하다) escape (달아나다, 벗어나다)

비교급과 최상급

* 형용사의 원급: '-er', '-est

	원급	비교급 (더 ~한)	최상급 (가장 ~한)
추운	cold	colder	colderst
빠른	fast	faster	fastest

* '단모음+단자음' 으로 끝나는 원급: 단자음을 한 번 더 쓰고 '-er, -est'

	원급	비교급 (더 ~한)	최상급 (가장 ~한)
뜨거운	hot	hotter	hottest
큰	big	bigger	biggest

* '자음+~y'로 끝나는 원급: 'y'를 'i'로 고치고 '-er, -est'

	원급	비교급 (더 ~한)	최상급 (가장 ~한)
뜨거운	dry	drier	driest
큰	easy	easier	easiest

* more, most를 붙이는 경우: 3음절, -ful less ish -ous 로끝나는 형용사

	원급	비교급 (더 ~한)	최상급 (가장 ~한)
유용한	useful	more useful	most useful
쓸모없는	useless	more useless	most useless
이기적인	selfish	more selfish	most selfish
호기심있는	curious	more curious	most curious

* 불규칙 변화

	원급	비교급 (더 ~한)	최상급 (가장 ~한)
좋은 / 잘	good/well	better	best
나쁜	bad	worse	worst
적은	little	less	least
많은	many/much	more	most

훈민영음을 마치며...

널 좋아해
➡

너가 좋아하는 사람이 누구야?
➡

너를 좋아하는 사람이 누구야?
➡

공교육 과정도 포함한다면 우린 10년 이상 영어를 배웠지만 이 간단한 문장도 쉽사리 입 밖으로 내뱉지 못해. 내게 수업을 들으러 오는 수험생들조차 어렵고 복잡한 구문은 척척 풀어내면서 이렇게 쉬운 문장을 표현하지 못하는 현실이 안타까웠어. 우린 왜 이렇게 모순된 교육을 받는 걸까? 오히려 140년 전 조선에서 영어를 배웠다면 더 나은 결과를 얻었을지 몰라. 시간을 잠시 거슬러 올라가 볼게.

1882년, 고종은 미국과 수교를 맺고 난 후 조선을 개화시키기 위해 영어교육에 온 힘을 쏟았어. 왕립학교가 설립되었고 미국의 명문대학교 출신의 원어민 교사들이 수학, 과학, 지리 등 모든 과목을 영어로 가르쳤어.

오늘날 여러 나라의 국가간 교제(交際)에서 가장 중요한 것이 어학(語學)이다.
이를 위해 공원(公院)을 설립하여 젊고 총민한 사람을 선발하여 학습하게 한다.
[육영공원 설립목적 1886년]

이러한 교육을 받은 학생들은 외교사절단이 되어 미국을 오가며 선진문물을 들여왔고 1887년에는 직접 에디슨전기회사와 계약을 맺어 동양 최초로 전기발전소를 설치하여 경복궁을 환히 밝히기도 했어. 과거제가 폐지된 후로는 배제학당, 이화학당 등의 교육기관에서 신분이나 성별에 관계없이 모두가 영어를 배웠고 영어로 출세한 사람들이 늘어나는 등 조선에는 영어 열풍이 불었어. 아래는 독립신문에 실린 영어 과외 광고야.

영국 선비 하나가 특별히 밤이면 몇 시간씩 가르치려 하니 이 기회를 타서 조용히 영어를 공부하려는 사람들은
독립신문사로 와서 물으면 자세한 말을 알지어다.
[1898년 7월4일]

월전(7월4일) 광고했던 영어 가르치는 사람이 9월 1일 오후 8시부터 9시까지 가르칠터이니…. 교사의 월급은 다
선급이요 며칠만 배웠더라도 월급은 한달 셈으로 할 터이니 그리들 아시오.
[1898년 8월26일]
이기환의 흔적의 역사

그럼 우리 선조들의 실제 영어 실력은 어땠을까? 당시 우리나라를 방문한 외국인들의 기록을 살펴볼게.

나는 서울에 머무는 동안 조선인과 이야기를 나눌 기회가 여러 번 있었는데,

이들은 조선을 한 번도 벗어난 적이 없었음에도 영어를 잘 구사했다.

이들의 영어 실력은 내가 영어로 대화를 나눠 본 어떤 중국인이나 일본인보다 훨씬 나았다.

오스트리아인 헤세 바르텍의 여행기

[조선, 여름 中 /1894년]

19살 조선 청년이 f와 p발음도 구분 못하더니, 하루에 단어 200개씩 외웠고,

두 달 만에 영어해석과 회화도 완벽히 구사한다.

영국 탐험가 새비지 랜도어

['고요한 아침의 나라 조선 中 /1895년]

외국인 교사들은 한결같이 입을 모아 한국인의 능숙하고 기민한 인지능력과 외국어를 빨리 습득하는 탁월한 재능,

나아가 중국인과 일본인보다 한국인들이 훨씬 좋은 억양으로 더 유창하게 말한다는 사실을 증언한다.

영국인 여행작가 이사벨라 버드 비숍

[한국과 그 이웃나라들 中 /1898년]

서울에 외국인이 들어온지 14년도 안됐지만 영어의 능숙함은 중국인이나 일본인은 가히 따르지 못할 것이다.

조선인은 '동양의 어학자'다. 절대 과장된 표현이 아니다.

일본외무성 관리 시노부준페이

[한반도 中 /1901년]

우리 선조들이 영어에 능통했고 자신감이 넘쳤다는 기록은 어렵지 않게 찾아볼 수 있어.
하지만 민관의 경계 없이 영어를 배우며 꿈을 키워가던 우리 선조들에게 찬물을 끼얹은
이들이 있었어.

일본인은 원래 발음이 불량하여 그 발음대로 영어를 배워가지고는 도저히 세상에 나서서 활용을 할 수 없으니

다른 조선 사람으로 영어교사를 변경하여 달라.

……

학생들은 수업을 듣지 아니하고 전부 등교치 않더라.

1920년 5월 12일 동아일보 中

일제강점기가 시작되자 원어민교사들은 쫓겨났고 발음이 좋지 못한 일본인 교사들이 그 자리를 대신했어. 그들은 필수과목 영어를 선택과목으로 격하시키고 경성제국대학과 같은 상급학교의 입학을 위해 영어시험을 치르게 했어. 극도로 세분화된 문법과 번역 수업만이 자행되었고 결국 영어는 입시를 위한 일개 학문으로 전락해 버렸어.

서울에서 가장 훌륭한 영어교사는 영어를 자유자재로 말하는 사람이 아니라

대학입시 통과를 위한 퍼즐과 트릭을 마스터하는 사람이다.

교육자 호러스 언더우드

[한국의 현대교육 中 1925년)

해방을 맞았지만 우리의 입은 굳게 닫혀버렸고 100년이 지난 지금까지도 일본인이 가르치던 문법과 번역 수업만을 대물림하며 여전히 벙어리로 살아.
일본식 문법과 번역 위주의 교육을 받아온 우리는 전 세계 영어를 배우는 학생들과 견주어 좋은 성적을 내고 있기는 할까?

'미국교육평가위원회(ETS) 주관 글로벌영어평가지수 [2019] *171개국 *30점 만점 기준

읽기 (Reading)

순위	국가	점수
1	오스트리아	25
1	스위스	25
4	독일	24
4	싱가폴	24
10	말레이시아	23
10	인도	23
10	남아공	23
10	덴마크	23
28	대한민국	22
28	프랑스	22
28	대만	22
28	이란	22
45	러시아	21
45	중국	21
45	홍콩	21
45	북한	21
45	베트남	21
69	필리핀	20
69	태국	20
92	카타르	19
109	케냐	18
109	일본	18
109	몽골	18
133	에티오피아	17
169	콩고	13

듣기 (Listening)

순위	국가	점수
1	오스트리아	26
1	독일	26
6	싱가폴	25
6	남아공	25
6	필리핀	25
6	덴마크	25
19	말레이시아	24
19	인도	24
37	프랑스	23
37	러시아	23
37	홍콩	23
54	스위스	22
54	대만	22
54	이란	22
84	대한민국	21
84	북한	21
84	베트남	21
84	태국	21
84	카타르	21
114	중국	20
114	케냐	20
114	몽골	20
114	에티오피아	20
143	일본	18
167	콩고	15

쓰기 (Writing)

순위	국가	점수
21	오스트리아	24
21	스위스	24
21	독일	24
21	싱가폴	24
21	인도	24
21	남아공	24
10	말레이시아	23
10	덴마크	23
30	홍콩	22
30	베트남	22
30	필리핀	22
59	프랑스	21
59	이란	21
59	러시아	21
59	케냐	21
98	대한민국	20
98	대만	20
98	중국	20
98	북한	20
98	태국	20
98	카타르	20
122	몽골	19
141	일본	18
141	에티오피아	18
165	콩고	16

말하기 (Speaking)

순위	국가	점수
1	덴마크	26
1	남아공	26
3	스위스	25
3	오스트리아	25
3	독일	25
12	인도	24
12	싱가폴	24
28	필리핀	23
61	카타르	22
61	러시아	22
61	프랑스	22
61	말레이시아	22
61	케냐	22
61	홍콩	22
103	이란	21
103	에티오피아	21
103	베트남	21
132	대한민국	20
132	북한	20
132	중국	20
132	몽골	20
132	대만	20
132	태국	20
160	콩고	18
169	일본	17

우리의 읽기능력은 전 세계 상위 16% 인데 반하여 듣기 능력은 49%, 쓰기 능력은 57%, 말하기 능력은 77%에 위치하고 있어. 이것은 우리의 영어교육은 여전히 입시와 시험을 위한 번역과 문법교육에 지나치게 치우쳐져 있음을 시사해.

지금까지 우리는, 그저 100년전 일본인들이 주입한 영문법 위주의 수동적 교육만을 답습할 뿐 우리만의 학습기준을 정립하지 못했어. 언어를 배운다는 건 그저 한 줄짜리 표현을 외우거나 복잡한 문법을 배우는게 아니라, 자신의 [모국어]를 기준 삼아 우리의 언어체계와 비교하며 그들의 머릿속에서 만들어지는 '언어적 사고 방식'을 익히는 거야.

이제는 퍼즐과 트릭이 가득한 주입식 영어교육을 뿌리 뽑아버리고,
과거의 우리 선조들이 그랬듯 가장 '우리다운' 모습으로 영어를 배우는 거야.

"훈민영음"이
그 해답이 되었길 바라.

한국어만 제대로 알아도 영어가 보인다

초판 1쇄 발행   2022. 12. 27.

지은이   김익수
펴낸이   김병호
펴낸곳   주식회사 바른북스

편집진행   김익수

등록   2019년 4월 3일 제2019-000040호
주소   서울시 성동구 연무장5길 9-16, 301호 (성수동2가, 블루스톤타워)
대표전화   070-7857-9719 | **경영지원**   02-3409-9719 | **팩스**   070-7610-9820

•바른북스는 여러분의 다양한 아이디어와 원고 투고를 설레는 마음으로 기다리고 있습니다.

이메일   barunbooks21@naver.com | **원고투고**   barunbooks21@naver.com
홈페이지   www.barunbooks.com | **공식 블로그**   blog.naver.com/barunbooks7
공식 포스트   post.naver.com/barunbooks7 | **페이스북**   facebook.com/barunbooks7

ⓒ 김익수, 2022
ISBN 979-11-6545-970-3 03740